JN441309

암이 아닌 앎,

우리는
희망을 선택했다

● 이 책의 출판은 국립암센터의 '2025년 리본(Re:Born)스타트업(UP)프로젝트' 지원을 받았습니다.

암이 아닌 앎,
우리는
희망을 선택했다

초판 1쇄 발행 | 2025년 12월 31일

지은이 | 홍유진 김희정 강진경 김예린 김소라 박준호 김민진 황영준 원정숙
이하나 음두호 이경숙 아세움 신선주 사주영 홍헌표 현승학
엮은이 | 캔드림협동조합 × 홍유진
펴낸이 | 박영욱
펴낸곳 | 북오션

주 소 | 서울시 마포구 월드컵로 14길 62 북오션빌딩
이메일 | bookocean@naver.com
네이버블로그 | blog.naver.com/bookocean_rabbit
페이스북 | facebook.com/bookocean.book
인스타그램1 | instagram.com/bookocean777
인스타그램2 | instagram.com/supr_lady_2008
X | x.com/b00k_0cean
틱톡 | www.tiktok.com/@book_ocean17
유튜브 | 쏠쏠TV·쏠쏠라이프TV
전 화 | 편집문의: 02-325-9172 영업문의: 02-322-6709
팩 스 | 02-3143-3964

출판신고번호 | 제 2007-000197호

ISBN 978-89-6799-922-3 (03810)

숨의 기록,
열두 개의 봄에
다시 빛나는
우리들의 이야기

홍유진 / 김희정 / 강진경 / 김예린 / 김소라 / 박준호 / 김민진 / 황연준
원정숙 / 이하나 / 음두호 / 이경숙 / 아세음 / 신선주 / 사주영 / 홍현표 / 현승학

암이 아닌 앎, 우리는 희망을 선택했다

북오션

추천사

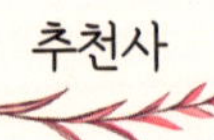

소중한 희망을 들려드립니다

홍유진

캔드림협동조합 이사장

암에 걸리면 우리는 무엇을 가장 먼저 찾을까요?

아끼는 사람이 암에 걸렸다면 가장 찾아 헤매는 정보는 무엇일까요?

바로 같은 암을 겪고 이겨낸 사람의 이야기입니다.

희망의 뿌리입니다.

기적에 대한 믿음이지요.

저 역시 30대가 되자마자 말기암(CML Blast Crisis) 판정을 받았습니다. 저와 같은 암을 겪고 살아난 사람을 찾아봤지만, 당시 2013년에는 급성기 발생률 자체도 매우 드문 데다, 그중에서도 생존율이 10%에 불과해 열 명 중 한 명만 살아남고, 6개월 안에 골수 이식을 받아야만 살 수 있다고 했습니다. 그러나 제가 그 단계까지 갈 수 있을지조차 확신할 수 없었기에, 의료진은 제게 죽음을 준비하라고까지 했습니다.

저는 살아남은 만성골수성백혈병 급성기의 사례가 되려고 최선을 다했습니다. 다행히 12년이 지난 지금, 먹는 약도 없고 암세포를 유발하는 유전자도 음성인 상태로 건강을 지키고 있습니다.

CML경험자들이 일 년에 한 번 모이는 국제 컨퍼런스(CML HORIZON)에서는 제가 겪은 급성기가 여전히 피해야 할 가장 위험한 단계이자, 아직 생존자가 드문 미지의 영역입니다. 23년 차를 맞은 이 국제학술대회에서 회장을 맡고 계신 CML Advocates Network의 Rod Padua 회장님께 여쭤봐도 본인이 아는, 살아 있는 급성기 경험자는 거의 없다고 말씀하실 정도입니다.

이런 기적이 나와 내 가족, 그리고 내 친구에게도 일어날 수 있다는 희망과 믿음이 우리에겐 필요합니다.

그게 바로 캔드림협동조합이 이 책을 펴낸 이유입니다.

이 책에는 암을 이겨내고 두 번째 삶을 살아가는 암경험자들의 이야기가 가득합니다.

단순히 이전의 삶과 사회로의 복귀가 아니라 암이라는 절망스러운 걸림돌을 넘어 암을 겪고 얻은 자신만의 앎을 단단한 디딤돌 삼아 더 멋지고 행복하고 건강하게 살아가는 사람들의 이야기입니다.

봄, 여름, 가을, 겨울.

우리 인생에도 사계절이 있습니다. 다만 꼭 순서대로 오는 건 아니어요. 뜨거운 여름이 이어지다 갑작스레 차디찬 겨울이 오기도 하고, 봄처럼 나른한 시간이 가을처럼 선선한 계절로 이어지기도 하지요. 하지만 분명한 건 인생의 어떤 계절도 다른 계절로 이어진다는 사실입니다. 겨울은 봄을, 여름은 가을을 품고 있기에 우리는 언제나 다음을 기다리고 기대할 힘을 얻습니다.

이 책에 실린 앎경험자들의 일 년 열두 달 사계절 이야기가 희망의 뿌리를, 기적의 씨앗을 당신의 가슴속에 선물해드리면 좋겠습니다.

우리에게 다가올 아름다운 사계절에 감사하며, 건강하고 행복한 삶을 지키고 누릴 수 있기를 바랍니다.

이 책 출판을 지원해 주신 국립암센터와 아름다운 수상작품을 기부해주신 예담라이프(주) 신선철 대표님, 수상자 두 분께 멋진 화보 선물을 해주신 스타일그래퍼 이사금 대표님께 진심 어린 감사의 말씀을 드립니다. 어려운 출판을 기꺼이 맡아 세상에 없던 책을 내어주신 북오션 출판그룹의 박영욱 대표님과 서정희 실장님께도 애정 어린 감사를 드립니다.

추천사

삶과 죽음, 그리고
'앎'의 가치를 함께 나누는 길

신선철

예담라이프(주) 대표

사회적 가치를 실현하는 후불제 전문 상조기업, 예담라이프(주)는 삶의 마지막 순간까지 존엄과 품위를 지키는 것을 가장 큰 가치로 삼고 있습니다.

저희는 단순히 장례 서비스를 제공하는 기업이 아니라, 고인의 삶을 존중하고 남겨진 이들의 마음을 따뜻하게 위로하는 동행자로서 함께하고자 합니다.

이러한 철학은 '삶과 죽음의 의미를 되새기는' 앎공모전의 취지와 깊이 맞닿아 있습니다.

그래서 예담라이프(주)는 이번 공모전에 누구보다 큰 공감으로 참여하게 되었으며, 참여자와 수상자들의 진솔하고 따뜻한 글을 통해 삶의 소중함과 사람 간의 진정한 소통이 얼마나 귀한지 다시 한 번 깨닫게 되었습니다.

여러분의 이야기 속에는 아픔을 이겨내는 용기와 서로를 이해하려는 마음, 그리고 희망이 담겨 있었습니다.

그 모든 글이 저희에게도 큰 울림과 배움이 되었고, 이를 통해 '앎'이란 결국 사람을 이해하고 사랑하는 마음임을 느꼈습니다.

앞으로도 예담라이프(주)는 지친 삶에 위로와 기쁨을 전하는 것은 물론, 앎경험자분들이 다시 삶의 희망을 이어갈 수 있도록 다양한 지원과 동행을 아끼지 않겠습니다.

또한 따뜻한 나눔과 의미 있는 문화 활동을 지속적으로 후원하며, 삶과 죽음, 그리고 '앎'의 가치를 함께 나누는 길에 언제나 함께 하겠습니다.

차례

2장 봄

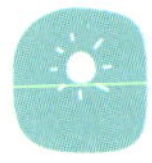

3장 여름

4장 가을

5장 겨울, 다시 봄

1장
겨울

1월

김희정 작가 – Smile
강진경 수상자 – 유방암, 내 인생의 터닝포인트

2월

황세정 작가 – Candy
김예린 수상자 – 당신은 혼자가 아니에요,
그리고 반드시 이겨낼 수 있어요

김희정 작가 | Smile

1월 선정작

Smile/45×60cm/Colored pencil on paper/2022

;

이 작품은 고양이의 따뜻한 눈빛과 미소를 통해
"걱정하지 마. 다 잘될 거야"라는 메시지를 전하고자 하였습니다.

때로는 말없이 다가오는 작은 미소 하나가
우리를 다시 살아가게 하는 힘이 되어주기도 합니다.
고양이의 무심한 듯 다정한 시선 속에는
말없이 마음을 어루만지는 따스함이 숨어 있어
말보다 더 깊이 전해지는 위로를 건네줍니다.

〈Smile〉은 단순한 표정이 아니라 삶을 견디게 해주는 작은 빛이 되어
당신 안에 이미 존재하는 따뜻함을 기억하게 하고 싶습니다.
그 미소 하나가 오늘을 견디는 힘이 되고,
내일을 기대하게 하기를 바랍니다.

괜찮지 않아도 괜찮은 날,
고양이가 먼저 당신에게 웃어줍니다.
"Don't worry be happy"

DON'T WORRY, BE HAPPY

DON'T
WORRY
BE
HAPPY

색연필을 통해 고양이의 일상과 눈빛을 담아내며, 그 안에 우리의 마음을 어루만지는 정서적 치유의 이야기를 전하고자 합니다.

작업의 시작은 반려묘에 대한 애정이었지만, 그 과정에서 고양이가 주는 특별한 위로를 발견하게 되었습니다. 바쁘게 반복되는 일상 속에서 우리가 놓치고 있는 삶의 순수함과 잔잔한 즐거움을 고양이를 통해 자연스럽게 보여드리고 싶습니다.

색연필 특유의 따뜻한 색감과 섬세한 표현으로 고양이의 부드러운 털과 깊은 눈빛까지 세밀하게 담아냄으로써 실제 고양이와 마주하는 듯한 친밀감과 작은 존재의 소중함을 느낄 수 있도록 작업하고 있습니다.

고양이가 전하는 온기와 평온함이 누군가의 지친 마음에 잠시나마 쉼이 되어주기를 바라며, 따뜻한 위로가 되어주길 소망합니다.

＊＊＊

두 마리의 고양이와 함께 살아가면서 자연스럽게 고양이를 그리는 작가가 되었습니다.

삶의 어느 시기에 가족의 아픔과 마음의 고단함 속에서 저에게 가장 큰 위로가 되어준 존재는 다름 아닌 고양이들이었습니다.

조용히 곁에 머물러주고 아무 말 없이 바라봐주던 그 눈빛과 따스한 몸짓은 그 어떤 말보다 깊은 위로로 전해졌습니다.

그 고마운 마음을 그림으로 전하고 싶은 생각으로 고양이들을 그리기 시작했고, 지금의 저를 고양이작가로 이끌어주었습니다.

저의 작업에는 단순한 반려동물이 아닌, 마음을 어루만지는 존재로서의 고양이에 대한 사랑과 감사와 위로의 마음이 담겨 있습니다.

저의 그림을 통해 누군가에게도 그런 따뜻한 마음이 전해지고 잠시라도 쉬어가는 시간이 되기를 진심으로 바랍니다.

@art_khjstory 비비MOM's 색연필작업실

김희정 | Colored pencil artist

〈주요 약력〉

비비MOM의 색연필 세밀화 드로잉북 『The Cat』 출간 (미디어샘, 2022)

비비MOM's 색연필 작업실 운영 (2019~)

온라인 클래스 〈Class 101〉 진행 (2019~)

〈전시 및 활동〉

개인전

2022 〈Life with Cats〉 예담갤러리 초대 개인전

단체전·아트페어 (50여 회)

2025 〈2025 일본국제아트페스티벌〉 마이돔 오사카 / 오사카

2025 〈제4회 제주국제아트페어〉 제주국제컨벤션센터 / 제주

2024 〈Dear Cat〉 문화공간정담 / 서울

2024 〈Colorful World, 색연필로 물들이다〉 갤러리앨리 / 서울

2024 〈한국 고양이의 날 16주년 기념전〉 시민청 갤러리 / 서울

2023 〈서울아트쇼〉 코엑스 / 서울

2023 〈제3회 중앙회화대전〉 한국미술관 / 서울

2023 〈우리, 다섯〉 갤러리 이즈 / 서울

2023 〈나의 반려 이야기〉 갤러리아미디 / 서울

2023 〈아트페스타 제주〉 제주국제컨벤션센터 / 제주

2022 〈아트광주 22〉 김대중컨벤션센터 / 광주

2022 〈L'automne à Paris〉 국제기획전 CCI / 파리

2022 〈제18회 강원아트페어〉 춘천문화예술회관 / 춘천

〈수상〉

중앙회화대전

프리즈마 공모전

COLORED PENCIL ART Group 선정 (Colored Pencil Magazine, U.S.A.)

1월

강진경

수상자

유방암, 내 인생의 터닝포인트

강진경

유방암 경험자

저는 38살에 유방암 진단을 받았습니다. 그때는 상상하지도 못했습니다. 암이 제 인생에 또 다른 '앎'을 전해줄 수 있다는 사실을요. 누구나 피하고 싶고, 누구에게도 환영받지 못하는 '암'이라는 존재가 어떻게 제 삶의 '앎'이 될 수 있었을까요? 거짓말처럼 들릴지 모르지만, 암은 제 인생을 더 긍정적으로 바꾸었고 많은 걸 알려주었습니다. 유방암은 제 인생의 터닝포인트가 됐습니다. 저는 지금 암을 진단받기 이전보다 더 건강하고 행복한 삶을 살아가고 있습니다. 지금부터 암이 제 삶을 바꾼 이야기를 들려드리려 합니다.

2021년 4월, 저는 교무실에서 제가 암에 걸렸다는 소식을 전화로 듣게 되었습니다. 저는 학교에서는 국어 교사로 학생들을 가르치고, 집에서는 네 살 아이를 키우며 성실히 살아가던 평범한 엄마였어요. 그런데 마흔도 안 된 젊은 나이에 암이 찾아왔습니다. 처음에는 망연자실할 수밖에 없었습니다. 암 진단을 받고 며칠 동안은 하늘이 무너지는 듯했지요. 죽음을 담담히 받아들일 수 있는 사람이 과연 얼마나 될까요. 제가 가장 두려웠던 이유는 이제 막 네 살이 된 딸과 마흔도 되지 않은 남편, 세상에서 저를 가장 사랑해주시는 부모님, 그리고 소중한 가족들 때문이었습니다.

모두가 잠든 새벽, 아이 얼굴을 바라보며 흐느껴 울었습니다. 시간이 멈춘 것처럼 느껴졌습니다. 수술 전날, 발레 수업에서 아이의 뒷모습을 보며 숨죽여 울던 기억은 지금도 잊을 수 없습니다. 그토록 눈물이 났던 이유는 어여쁜 아이의 모습을 다시는 보지 못할지도 모른다는 두려움 때문이었습니다. 그러나 꼬꼬마였던 네 살 소녀는 어느덧 여덟 살 언니가 되어 씩씩하게 초등학교 생활을 하고 있습니다. 딸아이가 초등학교에 입학하던 날, 저는 남몰래 눈물을 훔쳤지만 그 눈물은 예전과는 다른 의미의 눈물이었습니다. 이번에는 슬픔과 두려움이 아닌 기쁨과 감사의 눈물이었어요.

암 진단을 받은 후 저는 여러 가지 목표를 세웠습니다. 그중 하나가 아이의 초등학교 입학식을 보는 것이었어요. 딸아이의 인생에서 엄마의 자리가 비지 않는 것이 저의 가장 큰 목표 중 하나였기에 입학식은 마치 첫 관문을 통과한 듯한 감격을 안겨주었습니다.

암 진단을 받은 지 이제 5년이 되어갑니다. 짧다면 짧고, 길다면 긴 시간입니다. 그 시간들을 걸으며 제가 암을 통해 알게 된 네 가지 '앎'에 대한 이야기를 해보려 합니다.

암이 알려준 첫 번째 앎은, '스스로에 대해 알게 되었다'는 것입니다. 암 진단을 받은 지 사흘째 되던 날, 저는 글쓰기를 시작했습니다. 그리고 깨달았습니다. 제가 진심으로 좋아하고 잘하며, 가장 행복을 느끼는 순간은 바로 글을 쓸 때였다는 것을요. 암은 제 삶에 글쓰기를 초대했고, 글쓰기는 제가 살아가는 원동력이 됐습니다. 덕분에 저는 『유방암, 잘 알지도 못하면서』 『인생은 아름다워』 외에 4권의 책을 더 출간하며, 계속해서 글을 쓰는 삶을 이어가고 있습니다.

어느새 저는 여섯 권의 책을 낸 작가가 되었습니다. 암은 제 이야기를 세상과 연결해주는 다리가 되었고, 암 덕분에 제가 진정으로

좋아하는 게 무엇인지, 제가 어떤 사람인지 더 잘 알게 되었습니다. 암에게 고마운 부분입니다.

두 번째 앎은 '운동의 필요성'입니다. 암을 겪으며 알게 된 건 운동은 선택이 아니라 필수라는 사실입니다. 평생 운동을 싫어했던 제가 암 덕분에 운동을 사랑하게 됐습니다. 일상에서 걷기가 얼마나 삶을 풍요롭게 하는지도 알게 되었죠. 지금은 요가와 필라테스를 하고, 가능한 한 많이 걷고, 아이와 함께 수영도 합니다. 이제 운동은 제 삶에서 떼려야 뗄 수 없는 중요한 부분이 되었습니다.

세 번째 앎은 '긍정적인 생각의 중요성'입니다. 예전의 저는 걱정과 근심이 많았지만, 암 진단을 받고서야 걱정이 아무것도 해결해주지 못한다는 사실을 깨달았습니다. 부정적인 생각은 부정적인 일을, 긍정적인 생각은 긍정적인 일을 끌어당기고 있음을 알게 된 것입니다. 이제 저는 더는 쓸데없는 걱정을 하지 않습니다. 건강을 위해 규칙적인 운동과 식단도 중요하지만, 가장 중요한 것은 마음을 관리하는 것임을 알았기 때문입니다. 결국 마음을 관리하는 가장 강력한 방법은 모든 것을 긍정적으로 바라보는 것입니다. 그러면 스트레스를 받을 일도 줄고, 그로 인한 병의 위험도 낮아집니다.

마지막으로 암은 제게 '지금, 여기, 오늘의 소중함'을 가르쳐주었습니다. 과거는 바꿀 수 없고 미래는 아직 오지 않았습니다. 우리가 할 수 있는 건 오직 오늘을 살아가는 것뿐입니다. 암을 진단받은 후, 제 좌우명은 '지금, 여기, 오늘을 행복하게 살자'로 바뀌었습니다. 저에게 가장 소중한 것은 과거나 미래가 아닌 바로 지금, 이 순간이기 때문입니다.

지금까지 암을 통해 제가 얻은 '앎'을 나누어보았습니다. 암의 종류도, 극복 방식도 모두 다르지만, 암을 극복한 사람들에게는 공통점이 있습니다. 바로 암을 부정하거나 숨기지 않고, 삶을 더 긍정적으로 바꾸는 '앎'으로 전환해간다는 점입니다. 혹시 지금 암이라는 낯선 터널을 지나고 계신 분이 있다면, 그것은 끝이 아니라 또 다른 시작이자, 내 인생을 다시 쓰는 터닝포인트가 될 수 있다는 것을 기억해주세요.

이 글을 읽는 모든 분이 자신의 삶을 더 단단히, 더 따뜻하게 살아가시길 진심으로 바랍니다. 감사합니다.

@ella_book1004 작가엄마 강진경

"

암을 진단받은 후,
제 좌우명은
'지금, 여기, 오늘을 행복하게 살자'로
바뀌었습니다.
저에게 가장 소중한 것은
과거나 미래가 아닌
바로 지금, 이 순간이기 때문입니다.

"

황세정 작가 | Candy

2월 선정작

Candy/29.7×42cm/Colored pencil on paper/2020

;

어린 시절 몽글몽글한 추억은 달콤한 사탕과 같다.

인형과 함께 잃어버린 순수함을 되찾고
잠시나마 위로와 행복을 얻기를 바랍니다.

2월

김예린

수상자

당신은 혼자가 아니에요, 그리고 반드시 이겨낼 수 있어요

김예린

난소암 경험자

Chapter 1: 26살, 갑작스러운 암 선고

스물여섯, 인생의 첫 시작이라 믿었던 그 시점에 저는 '난소암' 진단을 받았습니다. 믿기 어려운 현실에 스스로가 너무도 미웠습니다. 치료를 위해 방문한 병원은 제겐 너무 생소하고 무서운 곳이었습니다. 혼자서 입원 절차를 밟고 수술 전 여러 가지 검사를 받았습니다. 낯선 의료진과 차가운 기계들 사이에서 저는 더욱 외로워졌습니다. 수술은 입원한 당일, 가장 마지막 순서였습니다. 그러나 앞 수술이 길어지면서 제 수술도 계속 미뤄졌고, 끝없는 기다림은 점점 공포로 변해갔습니다.

"수술 시간이 길어지면 심각한 거라더라…."

같은 병실 환자들의 말이 머릿속에서 떠나지 않았습니다. 두려움을 잊으려 찬양을 들으며 수술을 기다렸고, 마침내 수술실 앞 대기라인에 도착했습니다. 간호사 선생님이 제 이름과 생년월일을 확인하던 그 순간, 현실이 벼락처럼 밀려왔고, 결국 눈물이 터지고 말았습니다. 그때 문이 열리고 교수님께서 한 손에 휴지를 들고 제게 다가오셨습니다

"지금 울면 안 돼. 마취 풀리고 아플 때 울어야지.
지금 울면 체력 바닥나."

교수님의 따뜻한 농담과 다정한 눈빛에 마음이 조금 놓였습니다. 그리고 수술실 안, 차가운 침대에 누워 눈물이 멈추지 않는 저를 향해 교수님께서 웃으며 말씀하셨습니다.

"자고 일어나면 끝나 있을 거야."

그 말을 마지막으로, 기억이 사라졌습니다. 수술은 약 1시간 30

분이 걸렸다고 합니다.

Chapter 2: 항암, 거절에서 수용까지

수술 후, 교수님은 여섯 번의 항암 치료가 필요하다고 말씀하셨지만, 저는 단호하게 치료를 거부했습니다. '항암 치료'라는 단어가 제겐 곧 '완치는 없다'는 말처럼 들렸기 때문입니다. 입원 기간은 길어졌고, 저는 계속해서 치료를 거부했습니다. 하지만 교수님, 간호사 선생님, 주치의 선생님들이 하루에도 몇 번씩 제 곁에 와 설득해 주셨습니다. 그때 교수님께서 하신 첫 번째 약속은 "1차만 받아도 돼"였습니다. 그 말에 마음이 조금 움직였고, 결국 1차 항암을 받았습니다. 그리고 놀랍게도 396이었던 종양 수치가 10.2까지 떨어졌습니다. 모두가 기적이라고 했습니다.

이후 교수님의 약속은 계속됐습니다.

"한 번만 더 받자, 더 건강해지자."

"진짜 마지막으로 한 번만 더 받자, 미래를 위해서."

그렇게 교수님의 선의의 거짓말에 속아 3차까지 항암을 무사히 마쳤고, 결국 자연스럽게 6차 항암 치료까지 할 수 있었습니다.

태성당 太星堂
TAESUNGDANG · BAKERY

태성당

Chapter 3: 다시 세상 속으로

치료가 끝나고 한 달을 푹 쉬었습니다. 이제 돈을 벌어야 했습니다. 주차 안내 아르바이트, 기념품 가게, 병원 등 다양한 아르바이트를 했지만 불규칙한 일정 탓에 오래 버티지 못했습니다. 그리고 약 두 달 반 뒤, 부산의 대표 브랜드라 불리는 태성당에 취업하게 됐습니다. 입사 후 한 달은 정말 힘들고, 포기하고 싶었지만, 어느새 5개월이라는 시간이 흐르고, 처음과 달리 이곳에서 오래 일하고 싶다는 생각이 듭니다. 그 이유는 바로 어릴 적부터 제가 꿈꾸던 '멋진 어른'의 모습을 갖춘 분을 이곳에서 만났기 때문입니다. 바로 태성당의 대표인 이나겸 대표님입니다.

Chapter 4: 나의 롤모델, 그리고 힐링

이나겸 대표님은 저에게 엄마처럼, 언니처럼, 멘토처럼 늘 따뜻하고 소중한 존재입니다. 제가 힘들 때는 다정하게 위로해주시고, 잘못된 길로 갈 때는 엄하게 조언해주시며 늘 저의 성장을 응원해주시는 분입니다. 암을 겪으며 우울함에 휘청일 때도 있었지만, 이나겸 대표님 덕분에 저는 다시 일어설 수 있었습니다. 그리고 암 이후 깨달은 또 하나의 소중한 것. 바로 힐링의 중요성입니다. 예전엔 '쉼'과 '힐링'을 몰랐지만, 지금은 저만의 힐링이 있습니다. 바로 최애 가수, 김경현 님과 황원주 님의 노래입니다. 그들의 콘서트에서 저는 눈물도 흘리고, 위로도 받고, 웃음을 되찾았습니다. 대표님께서도 무조건 콘서트에 다녀오라고 말씀하시며 진심 어린 응원을 해 주셨습니다.

Chapter 5: 암 환자에서, 암경험자로

저는 이제 '환자'가 아닙니다. 저는 '암경험자'입니다. 암이라는 한 글자는 분명 두렵고 무서운 것이지만, 그것은 제 인생의 전환점이기도 했습니다. 저는 아팠기에 더 단단해졌고, 아팠기에 소중한 사람과 좋은 사람들을 만났습니다. 또 아팠기에, 지금 이 삶을 진심으로 살아가고 있습니다.

@smile_yrk

유영자
성보순
문해교육 한마당
김옥순

Rock이 빛나는
밤에

〈감사의 말〉

이 여정을 함께해주신 분들께
진심으로 감사드립니다.

언제나 가족처럼 저를 이끌어주신 이나겸 대표님
수술과 치료를 책임져주신 교수님과 간호사 선생님들
늘 곁에서 응원해준 막내 고모와 사랑하는 가족과 할머니
노래로 저를 살아가게 해주신 김경현 가수님과 황원주 가수님

이 이야기가 누군가에게 작은 위로가 되길 바랍니다.
지금도 병실 어딘가에서, 침대에서 눈물을 흘리는 당신에게
조심스레 말하고 싶습니다.

"당신은 혼자가 아니에요. 그리고 반드시 이겨낼 수 있어요."

◀ 항암 치료하던 시절, 내게 힘을 준 김경현, 황원주 가수

2장

3월

김소라 작가 – 희망의 깃털
박준호 수상자 – 앎아, 우리 여행 가자!

4월

김민진 작가 – 해바라기
홍유진 이사장 – 그럼에도, 감사

5월

김희정 작가 – Blackout
황영준 수상자 – 암이 어떤 앎이 될 수 있을까요?

김소라 작가 | 희망의 깃털

3월 선정작

희망의 깃털/53×43×8cm/Paper/2023

;

김소라의 종이공예는 단순한 오브제를 만드는 것을 넘어
삶을 접고, 펴고, 이어가는 과정을 담고 있다.
특히 가볍지만 강인하고, 단순하지만 무한히 변주 가능한 작품은
종이가 가진 가장 기본적인 속성을 이용해 만든 것으로,
인간의 내면과 삶의 여정을 비유한다.
그는 종이예술을 통해 치유와 공감, 희망의 메시지를 전하고자 하며,
누구나 손끝으로 자신만의 이야기를 표현할 수 있는
예술세계를 지향한다.

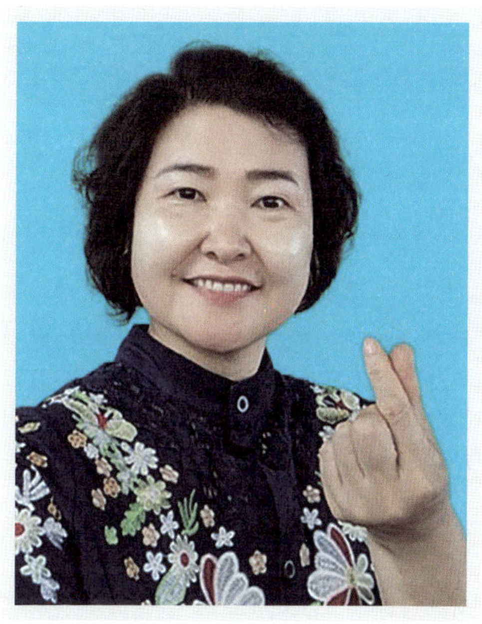

김소라 | 종이공예가

청(푸를 청)과 광(빛 광)이라는 호를 쓰며, 세상을 밝히고 빛을 더하는 작품 세계를 지향하고 있다.

종이 한 장이 지닌 무한한 가능성을 예술로 확장하는 종이공예가이자 교육자인 그는, 단순한 손기술을 넘어 종이를 매개로 사람들의 마음을 잇고 세대 간 소통을 이루는 작업을 이어가고 있다.

특히 노년층과 청소년을 대상으로 한 문화예술 교육을 통해 '작은 손끝의 움직임이 삶의 큰 기쁨이 된다'라는 자신의 철학을 실천하며, 종이를 예술과 치유, 그리고 공동체를 연결하는 매개체로 확장해나가고 있다.

〈주요 약력〉

종이문화재단 서울동대문교육원 원장

동대문구 평생학습관·구립 경로당·복지관 등에서 문화예술 강사 활동

민간단체「꿈을 품은 종이세상」조력자

아동·청소년 대상 문화예술 교육 진행

경로당 대상 문화예술 프로그램 다수 기획 및 운영

〈전시 및 활동〉

〈스마일한 삶〉 : 노년의 삶을 웃음과 행복으로 승화시킨 종이공예 전시

〈파도를 가르며〉 : 종이 한 장으로 배와 바다를 형상화한 인생 여정의 은유를 담은 전시

〈수상〉

2018 종이문화재단 봉사상

2022 SH 유튜브 크리에이터 콘텐츠 영상 공모전 장려상

2022 종이문화재단 어린이 지도교사상

2023 전국 평생학습도시 고수상

2023 동대문구 의장 표창

2024 전국 평생학습도시 종이공예 활동 영상 장려상

〈기타 활동〉

지역사회 문화예술 공모사업 참여

전시 기획 다수

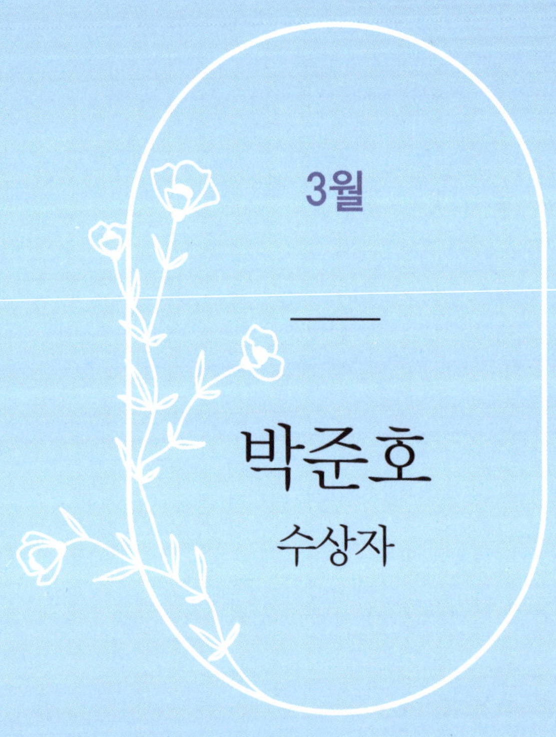

3월

박준호

수상자

앎아, 우리 여행 가자!

박준호

혈액암 경험자

일요일인 오늘, 온종일 집 앞마당을 정비하느라 시간 가는 줄도 몰랐습니다. 문득 이렇게 정신없는 하루도 어쩌면 오지 않았을 수 있다는 생각이 들었습니다. 2016년, 계속된 피로와 갑작스런 체중 감소에 혹시나 하고 받은 건강검진에서 이상소견이 발견되었습니다. 그리고 저는 만성골수성백혈병을 진단받았습니다. 건강검진을 받기 전부터 건강에 이상이 느껴져서 혹시나 했지만, 막상 결과를 들었을 때는 믿기지 않았습니다. 자동차를 좋아했던 저는 '혹시 죽을 수도 있지 않을까' 하는 생각에 가지고 있던 자동차들을 하나둘 정리하며 결과를 기다렸습니다. 그전까지 저는 죽음을 생각해본 적

Prestigious
HOLLIDAY
The Great

없었던 40대 초반의 가장이었습니다. 정확한 결과를 기다리는 2주간 불안과 혼란스러움 속에서 하루하루를 보냈습니다.

다행히 주치의 선생님께서 치료제가 있는 암이라고 알려주셔서, 바로 항암 치료를 시작할 수 있었습니다. 처음에는 가벼운 마음이었습니다. 그러나 투약 1주일부터 다양한 통증들이 시작됐습니다. 먼저 허리 진통이 시작되었고 이후 심한 피부 발진과 전신 부종이 하루하루를 힘겹게 하였습니다. 1년쯤 지나니 범불안장애가 생겨서 다니던 직장을 휴직할 수밖에 없었습니다. 이 모든 원인이 스프라이셀이라는 작은 약 하나라는 게 이해되지 않았습니다. 주치의 선생님도 제가 겪고 있는 부작용이 상위 10% 수준이라고 다른 약 변경을 권유하실 정도였습니다.

"이렇게 계속 살아야 하는 건가?" "나는 도대체 언제 남들처럼 괜찮아지는 거지?"를 수없이 생각하고 극심한 발진으로 흉해진 내 얼굴을 보며 비누칠을 다섯 번이나 하기도 했습니다. 치료를 시작한 지 5년이 되던 해 수치가 0은 아니었지만, 주치의 선생님에게 투약 중단을 요청했습니다. 오랜 시간 쉴 수 없었기에 용량을 조금씩 줄이다가, 2022년에 투약 중단을 시도했습니다. 투약을 중단하자 대부분의 부작용이 사라졌습니다. 투약을 중단하고 1년이 지나니 내가 언제 암 환자였는지도 기억하지 못할 정도로 잘 지냈습니다.

가끔 술도 먹고 남들처럼 바쁜 일상을 살았습니다.

그러던 어느 날, 투약 중단 이후 2년 3개월간 유지되던 수치가 급증하는 일이 발생했습니다. 2024년 여름, 0까지 내려갔던 수치가 100배로 급증하면서 암이 재발했습니다.

다시 시작된 표적항암제 투약은 모든 부작용을 제자리로 돌려놨습니다. 이번에도 허리 통증을 시작으로 2주간 움직일 수 없었습니다. 그러나 8년 전 아무것도 모른 채 겪었던 부작용과 다르게 두 번째인 이번 항암은 참을 만하다는 생각이 들었습니다. 지금은 2016년의 기억을 되새기며 다시 시작된 부작용과 맞서고 있습니다. 다음은 혈액암을 앓고 나서 바뀐 몇 가지 제 생각들입니다.

첫 번째, 우리는 영원하지 않다는 것, 그래서 지금이 내게는 가장 중요한 날이고 최고의 날이라는 것.

두 번째, 이 친구를 버리려 하기보다는 늘 마주해야 한다는 것.

세 번째, 이 친구와 친해지기 위해서는 다소 시간이 필요하다는 것.

네 번째, 우리 옆에는 자신만큼 아프고 나를 걱정해주는 가족이 있다는 것.

“

우리 옆에는
자신만큼 아프고
나를 걱정해주는
가족이 있다는 것

”

김민진 작가 | 해바라기

4월 선정작

해바라기/32×11×32cm/Dyeing paper/2025

행복, 행운, 금전운을 가져다준다는 해바라기!

꽃잎 하나하나 피워내면서 받으실 분의 행복을 기도하는 마음을 담기도 하지만, 꽃잎 하나하나가 이뤄낸 따뜻하고 풍성함이 차곡차곡 쌓인 우리의 삶의 모습이지 않을까 생각했습니다.

행운을 기다리는 것이 아닌, 매 순간이 기적이고 행복임을…

그 행복은 내가 직접 만들어가는 것임을 잊지 않으셨으면 하는 마음입니다.

우리는 일상의 소중함을 그 누구보다 잘 아는 사람들이니까요!

행복은 셀프!

작가 소개

김민진 | Flower Maker & Messenger

저는 '예술 작품'이라는 단어 앞에서 간혹 느끼게 되는 거리감에 대해 생각해본 적이 있습니다.

때로는 너무 진지하게, 때로는 어렵게 느껴지는 작품들 속에서 저는 따뜻함과 다정함을 주고 싶었습니다.

특별한 해석이나 지식 없이 보는 것만으로도 "와! 예쁘다"라는 감탄을 이끌어낸다면, 그것만으로도 큰 의미가 있다고 생각합니다.

짧은 감탄 속에는 기분 좋은 설렘과 소소한 위안, 그리고 잠깐의 휴식 같은 다양한 감정이 깃들어 있다고 생각하거든요.

제 작품 앞에서 잠시나마 미소 짓고, 행복을 느끼고, 마음의 위로를 얻을 수 있다면, 제 손끝에서 피어난 꽃들은 충분히 그 역할을 한 것이라고 생각해요.

꽃의 순수한 아름다움이 많은 이들의 일상에 스며들기를, 그리고 그 꽃이 때로는 위안이 되고, 힘이 되고, 행복이 되기를 기도합니다.

"나의 20대는 내 아이들의 나이였고, 나의 30대는 가정과 회사 일로 치열했다. 나를 돌아보지 않았던 시간은 내게 적신호를 보냈고, 그제야 멈춰 나를 돌아봤다.

멈춰보니, 내가 보였고, 내가 나에게 참 무심했다는 걸 깨달았다.

내가 나를 귀하게 여기지 않는데, 누가 나를 귀하게 여겨줄까.

나의 40대,

단장하고 앞을 보니 이제, 내 길이 보였다.

꿈이라는 씨앗이 싹이 났고, 단단해진 내가 거름이 되어 있었고, 사랑하는 가족이 든든히 힘이 되어 주었다.

그렇게 나의 꽃을 피우기 시작했고, 어쩌면 나와 같았을 누군가에게 내가 받은 행복을 전하고, 위로를 전하고, 누군가의 따뜻한 마음을 전하게 되었다."

시들지 않는 마음을 만드는 Flower Maker & Messenger 김민진입니다.

〈주요 약력〉

Flower Studio FROM J 대표

(공간 연출, 전시 활동, 클래스 운영, 외부 출강, 맞춤 제작 등)

기관 및 기업 30여 곳 출강

〈전시 및 활동〉

2025 단체전(05) 〈봄내 미술인전〉

2024 개인전(06) 〈꽃 같은 순간〉

2024 단체전(05) 〈봄내 미술인전〉

2023 개인전 2회, 단체전 7회

2022 첫 번째 개인전 〈꽃이 핀다, 시들지 않는〉

2022 단체전 6회

2021 이상원미술관 입주작가, '플라워 공방' 운영

〈기타 활동〉

플라워 아트 기반 공간 연출

클래스 및 외부 강의 운영

@ffrom_j

나는 당신만을 사랑합니다.
in Camellia

4월

홍유진

이사장

그럼에도, 감사

홍유진

말기암 경험자

참 거침없이 20대를 살았다.

강자에게 강하게

약자에게 약하게

이상은 높고

사랑은 깊고

사람은 평등하게

떳떳하게
살고 싶었다.

정의로운 삶을 꿈꾸며
내가 옳다고 믿었고
늘 바른 길로 가고 싶었다.

하지만 나는 가끔 비겁했고
내가 틀릴 수도 있다는 사실을 몰랐으며
때로 후회할 길로 들어서기도 했다.

세상과 씨름하느라 만신창이로 맞은 서른 즈음에서야,
내 몸에 생긴 암이 이미 말기에 이르고서야, 병원을 찾은 나는
스스로와의 싸움이었다는 진실을 그제야 깨달았다.

치료가 어려우니 죽음을 준비하라는,
골수 이식밖에는 답이 없는데
6개월 안에 성공해야만 살 수 있고,
거기까지 갈 수 있을지조차 의문이라는

KOLEK

열 명 중 한 명이 산다는
생존율 10퍼센트의 시한부 판정 앞에서

죽음의 얼굴을 마주하고
고통에 무너지는 내 밑바닥을 보며
나의 부족함을 보았고
부끄러운 반성 속에
살아온 삶을 되새기며
나의 오만과 자만에서 비롯된 헤아릴 수 없이 가득한 선택을
그제야 뼈저리게 바라봤다.

말기암을 겪고 나서야

나는
나에 대해서
인생에 대해서
죽음에 대해서
고통에 대해서
우정에 대해서

사랑에 대해서

가족에 대해서

앎을 얻었다.

세상에는 당연한 무엇도 없다.

살아 있음이 감사한 기적이요,

나를 이끄는 신의 다정한 손길이 존재한다는,

우리는 완벽하지 못한 인간이기에 오직 끝까지 겸손해야 한다는,

감사와 겸손을 날개로 삼아야만

비로소 다시 날아오를 수 있음을

이제 나는 안다.

오직 끝까지 겸손

그럼에도 불구하고, 감사.

@dreamingj.writer

“

감사와 겸손을
날개로 삼아야만
비로소 다시
날아오를 수 있음을
이제 나는 안다.

”

김희정 작가 | Blackout

5월 선정작

Blackout/21×21cm/Colored pencil on paper/2023

;

모든 빛이 꺼진 듯한 순간,
우리는 가끔 삶 속에서 '블랙아웃'을 경험합니다.

사방이 막힌 것처럼 느껴지고 숨이 턱 막히는 시간들이 있습니다.
하지만 그 어둠 속에서도 언젠가는 나아갈 구멍은 생긴다는 것을 이 검은 고양이는 말없이 보여주고 있습니다.

그림 속 고양이의 눈빛은 단순한 귀여움을 넘어, 어둠 속을 뚫고 나온 의지와 가능성을 품고 있습니다. 종이 봉투를 뚫고 내미는 얼굴 너머로 "Don't worry be happy"라는 문구는 가볍게 툭툭 털어내는 작은 농담 같기도, 한줄기 빛처럼 건네는 다정한 위로이기도 합니다.

이 그림은 절망 속에서도 헤쳐나갈 수 있는 가능성과 희망을 다시 바라볼 수 있는 시선을 전하고자 합니다. 고양이처럼 용기 있게 어둠 속에서도 자신만의 빛을 찾아 나아가길 바라는 마음이 전달되기를 소망합니다.

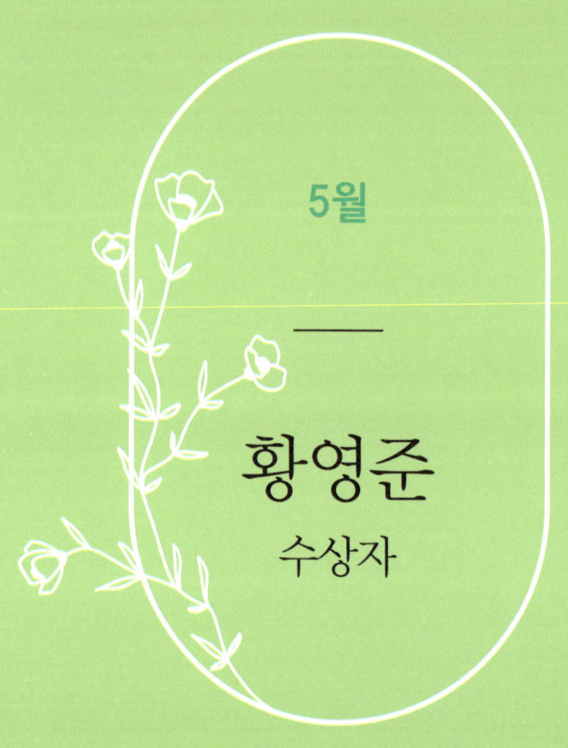

5월

황영준
수상자

암이 어떤 앎이 될 수 있을까요?

황영준

담도암 경험자

암이 어떤 앎이 될 수 있을까요? 스스로 암경험자라고만 불렀는데, 제목에 암 대신 앎이라 적으니 자꾸만 어색해서 돌아봅니다. 그럴 수밖에요. 암이라고 누군가에게 어렵게 얘기를 꺼냈는데, 대뜸 "그래도 이 일로 건강의 소중함도 알게 되시고…" "신이 몸을 돌보라고 주신 기회로 생각하시고…" 운운하는 사람들 앞에서 마음이 닫힌 적이 여러 번 있었기 때문이지요. 속으로 저는 생각했습니다. '정말 죽는 게 무서울 정도로 아파본 적은 없는 분이구나' 하고요. 적어도 제가 경험한 암은 그랬습니다. 교훈을 새길 여유 따윈 없을 정도로 그저 공포에 압도되었습니다.

저는 2021년 간내담도암을 진단받았던 황영준이라고 합니다. 제 나이 딱 마흔이었습니다. 췌장암이 무섭다는 사실은 비교적 잘 알려져 있지만, 담도암은 그렇지 않았지요. 무언가 얹힌 느낌이 계속되어 찾아간 동네 병원에서 받은 진단명은 더 낯설었습니다. 'Cholangiocarcinoma' 어떻게 발음해야 할지조차 모르겠기에, 지푸라기라도 잡아보려 인터넷 세상에 나가보니 더 막막했습니다. 대개 60대 이후 어르신들께 발병했고, 기대여명이 짧아 투병 기록도 거의 없었지요. 수술을 할 수 있으면 감사한 병이라기에 수술 날짜 잡히고는 핸드폰을 껐습니다. 3기일 수 있다는 수술 전 영상 분석 소견과 달리 결과는 1기였습니다.

기쁨도 잠시, 일침이 날아왔습니다. 선생님은 1기라도 재발률이 약 60%에 이르기 때문에 후항암을 실시하고, 3개월에 한 번 CT를 찍으며 추적 관찰을 해야 한다고 설명하셨습니다. 항암제 또한 독하다고 했습니다. 알고 보니 서양인들에게는 별로 찾아오지 않고 한·중·일 세 나라에만 집중되는 얄궂은 병이더군요. 그래서 제약회사도 관심이 없었고, 덕분에 몸 전체를 공격하는 1세대 항암제를 쓴다고 했습니다. 그리고 제 암세포가 얼마나 '못생겼는가'에 대해서도 언급했습니다. 전문용어로는 분화도라고 하는데, 분화도가 높

아 암세포가 정상 세포를 닮았다면 예후가 좋지만, 분화도가 낮아 생기다 말수록 예후가 나쁘다고 했습니다. 그리고 담도암은 간에서 쓸개로 담즙을 배출하는 얇은 관에 생기는 암이라, 막힐 것도 없어서 대체로 꼴을 잘 갖추지 않고 제멋대로 생겨 예후가 나쁜 거라고요. 참, 대충 생긴 얼굴로 젊은 날 적잖이 고생했는데, 암도 못생겼다니요.

어쨌든 제 몸은 그렇게 수술대 위에서 메스를 받아내고, 화학 치료를 견뎌냈지만, 마음은 도무지 불행을 받아들이길 거부하고 있었습니다. 억울했나 봅니다. 신문과 TV에서 봤던 슬프고 어처구니없는 일들은 확률로 존재하는 것, 그렇기에 나를 늘 피해가는 것, 아니 나와는 관계없는 것. 하지만 그 희박한 일이 내게 벌어지고 보니 도무지 받아들여지지 않았습니다. 주사위 놀이처럼 무심한 확률이 나를 지목할 때, 도대체 어떻게 견뎌내야 하는 걸까? 주위에서 건네는 위로들마저 가차 없이 쳐내면서 앙상해진 마음이 의지할 수 있는 곳은 책이었습니다. 비극을 주로 읽었던 것 같아요. 피할 수 없는, 혹은 너무도 우연한, 생에 깃든 다양한 층위의 슬픔과 불행을 정신없이 먹어치우기 시작했습니다. 배부를 정도로 먹고 나니 사람들의 얼굴이 다시 보였습니다. 그리고 그 얼굴마다 안고 사는 짐도, 불행도.

다시 사람들의 얼굴을 볼 수 있게 되면서 마음에 얹혀 있던 무언가도 서서히 내려가기 시작했습니다. 불행은 안에 누가 사는지 들여다보지 않고 문을 두드린다는 사실을, 나도 예외가 될 수 없다는 사실을 암을 통해 알게 되었습니다. 이젠 '이 일로 건강의 소중함을…'이라고 말하던 분께도 건강을 기원해드리고요. 그리고 무엇보다, 그 불행을 딛고도 오늘을 향해 출항하는 여러분의 건강을 기원합니다.

@hyuks_daddy

ROAD CLOSED

Special!
부록

Style Grapher

Style Grapher

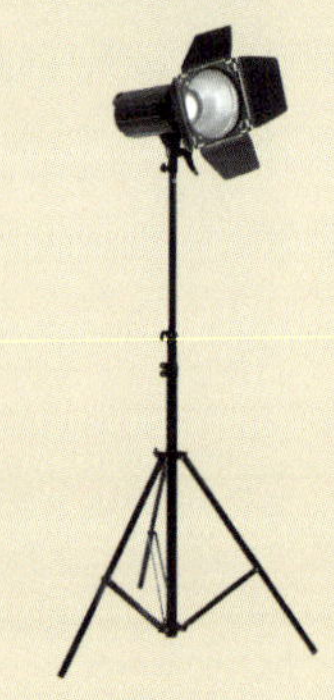

STYLE GRAPHER

스타일그래퍼

스타일그래퍼 소개

이사금
스타일그래퍼 대표

스타일그래퍼는 "모든 존재에는 각자의 이야기가 있다"라는 믿음으로 시작된 개인 맞춤형 화보·메이크업·퍼스널 이미지 브랜드입니다.

우리는 누군가가 자신을 '있는 그대로' 바라볼 수 있는 순간이 삶의 회복에 얼마나 큰 힘이 되는지 잘 알고 있습니다. 특히 치료 과정에서 신체적·정서적 변화가 큰 암 환우분들에게 사진은 단순한 기록을 넘어 '다시 나를 만나는 과정'이 될 수 있습니다.

스타일그래퍼는 고객의 외모만을 다루지 않습니다.

각자의 감정, 여정, 내면의 힘을 시각 언어로 풀어내 한 사람의 존재 자체를 작품으로 재구성하는 작업을 합니다.

이를 위해 메이크업·헤어·패션 스타일링·사진 연출은 물론, 고객의 경험과 감정선을 반영하는 기획 화보 방식을 채택합니다. 때로는 인물의 여정을 은유하는 컨셉을 설정하고, 때로는 변화의 과정을 시각적으로 상징화하며, 고객이 스스로를 새롭게 바라볼 수 있는 또 하나의 자아 초상(Portrait)을 만들어드립니다.

스타일그래퍼의 목표는 완벽한 이미지를 만드는 것이 아닙니다. 그동안 흔들렸던 부분, 잊고 있었던 부분, 그리고 여전히 살아 있는 힘을 발견해 그 사람만의 방식으로 드러내는 것입니다.

"당신의 삶은 이미 작품입니다.
우리는 그 작품이 빛을 잃지 않도록 함께하는 사람들입니다."

스타일그래퍼는 앞으로도 암 환우분들의 여정에 작은 위로와 용기가 될 수 있는 시각적 기록과 경험을 만들어가겠습니다.

황영준 화보 기획 의도

스타일그래퍼 글

Portrait of Emotion

감정의 초상 — '욱'과 '농'의 사이에서

1) '욱' — 터지기 직전의 감정

억누르고, 눌러 삼키고, 결국 삐져나오는 감정의 결.
한 점에 집중하는 눈빛, 굳어가는 턱선,
말보다 먼저 움직이는 표정의 떨림들.
그 날것의 생감정들을 구현했습니다.

2) '농' — 검은 유머로 삶을 버텨내는 힘

웃는 얼굴 같지만 웃는 얼굴이 아닌,
저 밑바닥의 아이러니와 여유.

삶을 향해 건네는 나만의 조롱,
그리고 살아남는 방식으로서의 농담.
의도적으로 비워낸 포즈와 미묘한 표정 변화에
그 '여지'를 담았습니다.

＊＊＊

이 화보는 감정을 숨기려 하지 않고,
'욱'과 '농', 그 '두 얼굴'을 시각화한 작업입니다.
'욱'을 '농'으로 바꿀 줄 아는 사람의 감정을
'나만의 표정 언어'로 되돌려 쓰는 과정의 기록입니다.

황영준 화보 소개

황영준 글

난 평소에 재미있는 사람. 외향적이고, 대화에도 주도적이고, 처음 보는 사람과도 말을 잘하는 데다, 직장에서 아부도 잘하는. 하지만 그건 사실 포장지. 내 근처에 좀 머물러본 이들은 알지. 난 욱하는 사람. 쉽게 흥분하고, 그걸 상대가 알아채게 만들지. 대체 마르지 않고 샘솟는 이 분노는 어디서 왔을까. 분노를 불편해하는 세상과 불화하기 싫어 안으로, 안으로 감추려다 보니 속이 엉망이 되어버렸나 봐. 무언가 엉기기 시작하더니, 폭주하는 세포가 되어버렸어.

요즘도 SNS를 켜면 '현명한 사람은 일을 할 때, 세상을 마주할 때 감정을 드러내지 않는다'라는 식의 명언집이 가끔씩 피드에 끼워져 나오곤 해. 어느 출판사에서 마케팅을 하는 것인지 모르겠지만, 공감하며 고개를 끄덕이기보다 반발심에 고개를 젓곤 하지. 근엄한 척하며 여전히 사람들의 감정을 통제하고 길들이려는 누군가에게, 여전히 나는 감정 가득 담아 한마디 해주고 싶어. 나만의 시커먼 농담을.

***

이사금 대표님을 만나고 계속 질문을 머금고 있다가 어제 문득 생각이 났어요. 감정이 아직 뜨겁게 요동치고 있다는 사실은 아직 내게 세상을 살아낼 연료가 충분하다는 것이고, 삶에 대한 방향감각이 분명하다는 뜻이라고. 그러고보니 나를 좀먹던 내 약점 '욱'을 거꾸로 하니 내가 잘 하는 '농'이 된다는 사실을 깨달았어요. 홍유진 이사장님과 이사금 대표님에게 말을 걸던 그 모습대로, 내가 세상을 향해 말을 거는 방식은 앞으로도 '농'이면 좋겠다 싶더라구요.

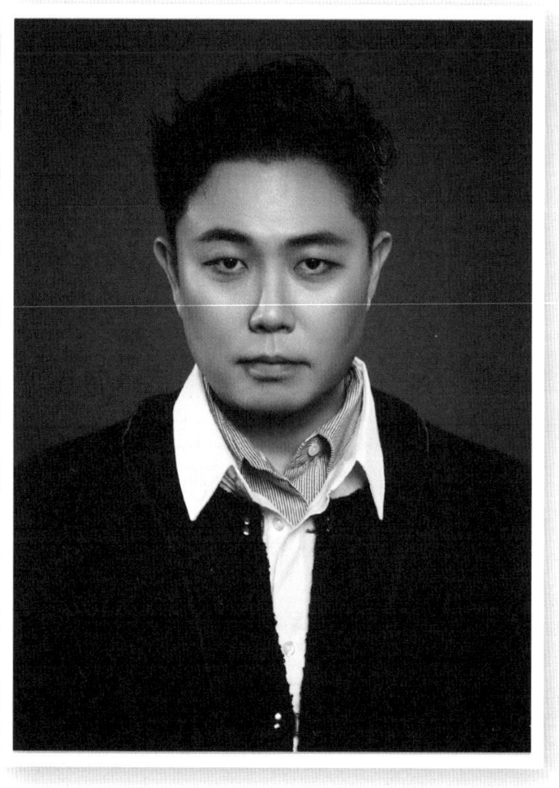

Style
Grapher

이하나 화보 기획 의도

스타일그래퍼 글

Metamorphosis – Becoming the Butterfly

"당신의 어둠은, 결국 당신을 나비로 만든다."

이번 화보는 이하나 님의 이야기를 기반으로
'누에고치의 고요함 → 나비의 비상'이라는 변화의 전 과정을 담은 감정 서사입니다.

1) Before the Light – 누에고치의 시간

항암이라는 긴 터널의 초입,
무거운 어둠을 가르며 내면에서 피어오르는 미약한 빛만이 인물을 감쌉니다. 웅크린 채 조심스레 빛을 감지하는 순간, 두려움 속에서도 아주 작은 희망을 향해 천천히 시선을 들어올리는 순간을 담았습니다.

2) Becoming the Butterfly – 변화의 순간

두려움이 결심으로 바뀌는 순간,

용기를 내 손을 뻗어 빛을 만지고 끌어안습니다.

오랜 어둠을 지나 처음으로 빛을 향해 나아가는 움직임. 어둠과 밝음 사이의 찰나, 고요함이 깨지고 비상 직전의 긴장감을 담았습니다.

3) Becoming Light – 나비가 된 후

마침내 어둠을 벗어나 빛 속을 자유롭게 날아오르는 순간,

빛을 머금은 날갯짓 같은 움직임.

실루엣은 자유롭고, 움직임은 바람처럼 유연합니다.

마치 긴 겨울 끝에 봄의 첫 공기를 들이마시는 듯한 생명력.

표정은 해방감과 확신.

"나는 다시 살아 있다."

그 눈빛 하나만으로도 변화의 모든 과정을 증명하는 얼굴을 담았습니다.

＊＊＊

이하나 님의 화보는

어둠을 지나온 사람만이 가질 수 있는 강인함과 투명함,

그리고 다시 태어난 존재만의 아름다움을 가지고 있습니다.

이 화보를 통해 다른 암 환우분들께도 아래와 같은 메시지를 전하고 싶습니다.

"당신도 곧 나비가 될 것입니다."

Style Grapher

3장

여름

6월

원정숙 작가 – 아침밥21
이하나 수상자 – 삶은 어느 계절에도 피어난다

7월

나안나 작가 – The Portrait
음두호 수상자 – 아픔 속에서 발견한 선물

8월

김소라 작가 – 휴식
이경숙 수상자 – 갑상선암도 암이다

원정숙 작가 | 아침밥21

6월 선정작

아침밥21/97×130.3cm/Acrylic on canvas/2023

새벽이 열리면 집집마다 굴뚝에서 흘러나오는 연기가 고요히 퍼집니다. 그 연기는 오늘 하루를 살아낼 힘이 되는 아침밥의 향기이자, 가족을 지켜내는 따뜻한 마음의 언어입니다.

어린 시절, 어머니가 부지런히 지어 올리던 밥 냄새 속에서 저는 집의 온기와 사랑을 배웠습니다.

변두리의 작은 집들이나 낡은 지붕 위로도 빠짐없이 오르던 연기는 삶의 무게를 묵묵히 견디던 이들의 숨결이기도 했습니다.

밥 짓는 연기를 바라보며 저는 밥 한 그릇이 단순한 음식이 아니라, 노동과 기억, 그리고 서로를 잇는 다리가 된다는 사실을 다시 생각합니다.

'아침밥21'은 그렇게 일상의 가장 평범한 풍경 속에서 가장 큰 위로와 희망을 품은 이야기가 되었습니다.

저는 일상 속에서 피어나는 '밥 향기'와 우리와 함께 살아가는 동물들을 그려왔습니다.

하루의 시작과 저녁에 피어오르는 밥 짓는 연기 속에는 사람의 마음, 가족의 온기, 그리고 노동의 숨결이 함께 담겨 있습니다.

그 향기는 단순한 밥 냄새가 아니라, 서로를 이어주는 삶의 온도이자 생명의 숨결이라 생각합니다.

밥 향기가 전하는 따뜻한 온기는 인간의 식탁에만 머물지 않습니다.
그 온기는 이 지구별에서 함께 살아가는 모든 존재에게 흘러갑니다.
새는 숲이 집이고, 고래는 바다가 집이며, 북극곰은 빙하가 집입니다.
지구는 인간만의 터전이 아니라, 수많은 생명이 서로의 온기로 연결된 하나의 큰 집입니다.
그래서 저의 그림 속 밥 향기는 곧 모든 생명이 공존하는 지구별의 따뜻한 숨결을 의미합니다.

어릴 적 우리 집은 동물들이 많아서 토끼, 닭, 소, 염소 등과 함께 살았고 지금은 착한 고양이와 함께 살고 있습니다.
그들의 평화로운 모습과 조용한 숨결은 제가 그림을 그릴 때 늘 곁에서 마음을 다독여주는 존재입니다.
밥 향기 속의 온기처럼, 그들과의 일상 또한 제게 쉼과 따뜻함을 선물합니다.

저의 그림은 화려한 이야기를 담기보다, 작은 숨결과 한 끼의 온도처럼 잔잔한 감정의 결을 그리고자 합니다.
밥 향기와 함께 전해지는 이 따뜻한 마음이 누군가의 하루에 잠시 머물러 위로와 쉼, 그리고 생명에 대한 따뜻한 시선이 되기를 바랍니다.

원정숙 | Artist

〈주요 약력〉

홍익대학교 미술대학 회화과 졸업(1993)

〈전시 및 활동〉

개인전 (24회)

2025 〈밥향기 VI — 12개월의 마음〉 참살이미술관 / 인천 — 초대

2024 〈밥향기 IV〉 서울아산병원 갤러리 / 서울 — 초대

2017 〈후두둑, 비!〉 갤러리도올 / 서울 — 작가공모 당선전

2008 〈토크쇼〉 문화일보갤러리 / 서울— 기획공모 당선전

단체전·아트페어 (80회)

2024 화랑미술제 수원컨벤션센터 / 수원

2024 화랑미술제 코엑스 / 서울

〈기타 활동〉

2025 NH농협카렌더 선정 작가

@jeongsook_won

이 배의 이름은 '북극호', 도착지는 북극입니다. 아이들이 종이배를 접어 물 위에 띄우면, 배는 강을 떠나 바다로 흘러가고 긴 항해를 시작합니다.

사나운 날씨에 거센 파도와 맞서는 날도 있었지만, 그 길에는 아름다운 풍경도 많았습니다.

맑은 밤이면 무수한 별빛이 강물처럼 흘러내려 배 위에 쏟아졌고, 그 황홀한 빛 속에서 배는 꿈처럼 떠 있었습니다.

어느 날, 은빛에 반짝이는 꽃들이 물결을 따라 다가와 종이배에 실어 달라 조르기도 했습니다. 하지만 배는 이미 아이들의 소망으로 가득 차 있었습니다. 그 속에는 북극곰을 지켜내고 싶다는 간절한 마음이 담겨 있었기 때문입니다.

"북극곰아, 미안해…. 우리가 꼭 지켜줄게. 언제나 함께 있어 줘.

빙하가 녹아 설 자리가 사라진다면, 종이배에 올라와!

오늘도 별이 쏟아지는 밤에 잘 자! 북극곰아~"

ㅎㅎ하얀잠
65.1×45.5cm
Oil on canvas
2014

여우꼬리, 호랑나리, 매발톱, 꿩의비름, 노루오줌… 꽃들의 이름 속에는 동물들의 흔적이 스며 있습니다.

비록 지금은 우리 곁을 떠난 동물들이지만, 그 모습은 꽃잎의 형태와 색, 향기 속에 또 다른 생명으로 남아 우리에게 그 존재를 기억하게 합니다. 바람에 흩날리는 홀씨를 바라보면, 멸종이란 끝이 아니라 또 다른 시작일 수 있다는 생각이 듭니다. 씨앗은 땅속에 스며들어 다시 싹을 틔우듯, 사라진 존재들도 새로운 생명으로 환생할 수 있지 않을까요. 저는 그 가능성을 그림에 담아봅니다.

휘— 휘이— 휘파람 소리를 불어 작은 기운을 더하며, 잊혀진 존재들이 복원되어 다시 피어나길 기원합니다. 멸종의 슬픔이 언젠가 생명의 환희로 이어지기를, 그리고 그 노래가 자연과 인간의 마음속에서 오래도록 살아나기를 바라는 마음입니다.

휘파람 뜰
130.3×130.3cm
Oil on canvas
2014

6월

이하나

수상자

삶은 어느 계절에도 피어난다

이하나

유방암 경험자

02-2292-XXXX

평소라면 02로 시작되는 낯선 번호는 잘 받진 않지만, 그날만큼은 숨을 크게 들이쉬고 전화를 받았다. 한국무용 연습을 가는 길, 버스 정류장의 소음 속에서도 두근거리는 심장소리가 전화기 너머의 목소리와 겹쳐 들려왔다.

"보호자랑 같이 오셔야겠어요."

"아, 네…."

애써 태연한 듯 무심한 듯, 전화를 끊었지만 나는 어떤 생각으로 무용연습을 했을까.

병원으로 향하는 길, 지하철역 저 멀리 누군가 걸어오는 모습이 딱 봐도 놀라 어쩔 줄 모르는 남편이었다. 가까이에서 보니 벌써 눈시울이 붉어져 있다.

'나쁜 일은 왜 예상대로 일어나는 걸까.' '엄마를 보낸 것도 모자라 내 차례라니… 억울하다. 왜, 왜 나일까?' 이런 생각도 잠시였다. 정신 차리자. 호랑이 굴에 들어가서도 정신만 차리면 산다지 않는가. 집에 돌아오자마자 큰 병원으로 전화를 돌렸다. 전화 몇 통으로 순식간에 일정이 잡혔다. 아, 아이들… 그래, 어찌 되겠지. 유방암은 쉬워, 흔해, 걱정 없어. 입술을 깨물고 눈물을 참았다. '나는 배우야….' –배우랑 암이랑 무슨 하등의 연관이 있겠냐마는… 그때는 정말 그렇게 느껴졌다.– 공연을 하며 수많은 역할을 맡았고, 어떤 감정이라도 견뎌낼 수 있다고 믿었다.

수술과 항암, 방사선과 호르몬 요법…. 하루하루가 무심히 흘러갔다. 항암 치료로 몸은 피폐해지고, 이른바 건강지표라 불리는 모든 수치가 요동쳤지만 나를 힘들게 했던 건 공연을 할 수 없다는 것, 공연을 생각할 힘조차 남아 있지 않은 축 늘어진 빡빡머리를 한 내 모습이었다.

불과 얼마 전까지만 해도 영화판에서 내로라하는 배우들과 어울리고, 연극배우의 자존감으로 꽉 채워졌던 나는 아무짝에도 쓸모없는 잉여인간이 된 건가….

치료하느라 오랜 시간 비워둔 퀴퀴한 지하 연습실에 들어갔다. 코끝으로 훅, 곰팡이 냄새가 사정없이 들어왔다. 밤낮없이 연습하며 그렇게 행복했던 곳인데, 여기서 암을 키우고 있었나 싶으니 더 머물다가는 병이 도질 것만 같았다. 연습실을 정리하던 날, 결국 눈물이 흘렀다. 그러던 어느 날, 오래전부터 알고 지내던 친구에게 연락이 왔다. "언니, 암경험자 합창단 함께 해볼래?"

잠시 침묵하다, 숨을 들이쉬고 고개를 끄덕였다. 그때부터였다. 나는 다시 목소리를 내기 시작했다. 노래로, 이야기로, 삶으로.

코로나 팬데믹으로 연습실에 모일 수 없었던 우리는 줌으로 오디션을 보고 자기소개를 하며 함께 가사를 만들어갔다. 빠진 머리를 감추고 아직 덜 올라온 눈썹을 그려 넣은 채, 우리는 웃고 울었다. 어떤 날은 모여서 연습을 하며, 그저 서로의 존재만으로도 버틸 수 있었다. 이것은 새로운 시작이었다. "우리 같은 사람들의 이야기를 세상에 들려주자"라는 말에 나는 망설이지 않았다. 펜을 들고, 지난 시간을 되짚었다. 그리고 단편소설집 『인생은 아름다워』에 단편을 실었다.

암이 내 삶을 송두리째 무너뜨렸다고 생각했지만, 어느새 나는 무너진 자리에서 꽃을 심고 있었다.

불과 몇 해 전만 해도 다음 생일을 맞이할 수 있을지 몰라 이불 속에서 몰래 울던 나였지만, 지금은 누구보다 단단하게 살아 있다. 암은 내가 선택한 일이 아니었지만, 그 이후에 어떻게 살아가느냐는 나의 선택이었다.

요즘은 암경험자들을 만나면, 나는 먼저 손을 내민다.

"잘 살아내 주셔서 감사합니다. 앞으로 당신의 삶에 더 멋진 계절이 올 거예요."

그 말을 전할 수 있는 나는 얼마나 운이 좋은 사람인가.

잃어버린 시간이 아니다.

암이라는 긴 겨울이 지나고, 나는 새로운 봄을 마주했다.

그 겨울은 나를 앎으로 이끌었고, 이제 나는 안다.

아름다운 삶은 어느 계절이든 피어날 수 있다는 것을.

“

암이라는 긴 겨울이 지나고,
나는 새로운 봄을 마주했다.
그 겨울은 나를 앞으로 이끌었고,
이제 나는 안다.
아름다운 삶은 어느 계절이든
피어날 수 있다는 것을.

”

나안나 작가 | The Portrait

7월 선정작

The Portrait/33.4×24.2cm/Acrylic on canvas/2023

비채아트뮤지엄은 다양한 전시와 기획을 통해, 일상 속에서 예술의 가치를 함께 나누며 우리가 예술과 더욱 가까워지는 경험을 선사합니다. 특히 2020년 한국과 EU의 발달장애 아티스트들, 2022년 발달장애 아티스트 특별초대전과 2023년 우리어드림 발달장애 미술가 해외교류전 등 장애 아티스트들의 예술활동에 관심을 가지고 후원해왔을 만큼 사회적 약자 그리고 환우들에 관심을 많이 기울이고 있습니다.

나안나 작가는 어렸을 적 태안 앞바다에 살며 물고기를 접할 경험이 많았다고 합니다. 그런 과정 속에서 물고기에 애착을 가지게 되었고, 어항 속 물고기들이 이미 정해진 앞날을 알고 있는 듯한 기분이 들었다고 합니다.

그러면서 그들의 죽음에 대해 생각하며 측은지심을 느꼈습니다. "만약 물고기가 인간 세상에서 인간만큼 누리며 살 수 있다면?"이라는 가정에서 출발해 물고기들에게 새로운 삶을 선물하는 설정의 판타지를 그리게 되었다고 합니다.

그런 의미에서 나안나 작가의 작품은 '새로운 삶' '희망'을 상징하는 따듯한 메시지를 담고 있습니다.

7월

음두호

수상자

아픔 속에서 발견한 선물

음두호

전립선암 경험자

아픔 속에서 발견한 선물

누구나 살면서 인생의 흐름이 바뀌는 경험을 하기 마련인데, 사람들은 그것을 운명이라 말하지만, 성경에선 계획이라 말하며 하나님께서 계획 속으로 이끄신다고 한다.

하나님께서 주신 선물일까

원하지 않았던 전립선암 판정을 받고 병원 대기실 한 모퉁이에 앉자, 밀려오는 공허감 속에 사랑하는 아내와 딸과 아들이 눈앞에 아롱거리며 맴돌았다. 나도 모르게 딸의 전화번호에 손이 멈추고,

딸의 번호를 힘있게 눌렀다.

사랑하는 딸의 음성이 내 귀에 울린 순간 내 마음은 밝게 차올랐다.

긴 실망.

어쩔 수 없는 고통.

그러나 가족의 격려를 받으며 수술대에 오르게 되었고 담담하게 눈을 지그시 감을 수 있었다.

잠깐 사이에 이 모든 것들이
하나님의 깊은 섭리 안에서
나의 그릇됨이 다시금 새롭게 변화되는 과정 속으로
그래서 이 삶을 다시 걷게 되는 5년을 이기면서
1년, 2년 한 해를 보내고 맞이하며
인간으로서 산다는 것
언젠가는 다가올 한계에 다다르는 그날.

이제 나의 남은 삶은
신앙인으로서 가치관 안에 하나님 앞에 못다 한 일들을

온 정성을 다해 헌신하고픈 마음을 안고

삶의 깊이를 발견하면서 더욱 늙은이로서 모르던 많은 것을

스스로 경험하면서 이웃에 있는 외롭고 힘들어하는 이들에게 깊은 관심과 사랑으로 품어내지만

결국은 질병으로 앓다가 죽어가는 인생들 앞에 죽음에 대한 가치관을 일깨우며

죽음의 공포에 휩싸여 고통 속에서 당하는 죽음이 아니라

맞이하는 죽음을 알리면서

인간은 태어나는 순간부터

죽음을 준비한다는데

언젠가는 한계에 다다를 때

아니, 나의 삶이 멈추는 어느 날

그리스도를 향한 믿음으로 죽음에서 해방되는 그날

저 밝은 빛 찬란함 그 속으로 나아가리라.

김소라 작가 | 휴식

8월 선정작

휴식/30×15×4cm/Paper/2020

맑은 가을하늘에 자유롭게 가을을 만끽하고
날아다니는 잠자리들, 가을을 상징하는 들녘의 꽃들이
하늘하늘 가을바람에 흔들리며 휴식이 있는 장면입니다.
꽃들이 바람에 몸을 맡기고 편안하게 흔들리는 모습이
꿈결 같은 휴식을 표현해줍니다.

8월

이경숙

수상자

갑상선암도 암이다

이경숙

갑상선암 경험자

늘 그렇듯 익숙한 일상이었습니다. 일터에서 하루를 보내고 나면 운동화로 갈아신은 채 무작정 걸었습니다. 그 시간은 하루를 정리하며 내일을 준비하는 저만의 기분 좋은 루틴이었지요. 2023년 여름도 예외는 아니었습니다. 하지만 언젠가부터 몹시 피곤해져 조깅은커녕 화장도 지우지 못한 채 잠드는 일이 잦아졌습니다. 처음엔 간헐적으로 나타나던 증상이 점점 더 자주 반복되자, 무언가 잘못되었음을 직감했습니다. 혹시나 갑상선에 문제가 생긴 것은 아닐까 염려스러운 마음에 병원을 찾았습니다. 피검사와 세침 검사를 마치고 결과를 기다리는 일주일이 불안과 걱정 속에 흘러갔습니다.

다행히 피검사 결과, 정상이란 문자를 미리 받고 조금은 여유로운 마음으로 진료실에 앉았습니다. 그러나 예상과는 전혀 다른 의사의 말에 정신을 빼앗기고 말았습니다.

“세침검사 결과 90%는 암입니다.”

제 일상의 시간을 단숨에 멈춰 세우는 말이었습니다. 갑상선암은 다른 암에 비해 비교적 예후가 좋은 암이라고 말합니다. 심지어 누군가는 ‘암으로 쳐주지도 않는 암’이라는 말까지 했습니다. 그런데도 암이라는 사실을 통보받는 순간 제 마음은 묘하게 요동쳤습니다. 예기치 못한 암이 주는 심리적 압박은 생각보다 훨씬 무거웠습니다. 정리되지 않은 여러 감정 속에서 제 신경에 가장 거슬리는 말은 다름 아닌 “갑상선암은 암도 아니다”라는 말이었습니다.

수술을 앞둔 며칠 동안 겹겹이 다른 빛깔을 내며 밀려드는 뒤엉킨 감정 속에서 보냈습니다. 로봇 수술을 위해 피를 뽑아 갑상선 수치와 몸 상태를 확인하고, 초음파로 목을 훑으며 가슴 사진을 찍고, 심전도를 붙이며 전신 마취가 가능한지 살펴보는 등 끝없는 검사가 이어졌습니다. 그리고 10월 19일, 차가운 수술실에 들어서는 순간 느껴진 긴장감은 그 어떤 수술보다도 저를 더 긴장하게 했습니다. ‘암 수술’이라는 이름이 주는 심리적 무게는 상상 이상이었습니다.

눈을 떴을 때 저는 회복실의 차가운 침상에 덩그러니 누워 있었습니다. 정신을 차리려는 순간 밀려오는 엄청난 통증에 숨 쉬기조차 힘들었습니다. "너무 아파요! 너무 아파요!" 저도 모르게 절규하듯 외쳤습니다. 그러나 돌아오는 답변은 무미건조했습니다. "무통 주사 놓았으니 기다리세요." 타인의 고통에 전혀 공감할 의지가 보이지 않는 차가운 시선과 언어들이 텅 빈 공간을 떠돌았습니다. 서운함도 잠시, 이렇게까지 아플 수 있나 싶을 정도로 극심한 통증이 이어지며 온몸이 고통에 잠식되어갔습니다.

그렇게 암 수술 현장은 처절한 기억으로 남았습니다. 수술 후에는 평생 약을 먹어야 한다는 스트레스가 저를 따라다녔습니다. 게다가 평소에는 열 가지 일을 거뜬히 해내던 몸이 지금은 그 절반도 감당하지 못할 정도가 되었습니다. 분명, 저는 건강을 잃었습니다. 이렇게 복잡다단한 과정을 겪고, 건강을 잃은 상실감에 시달리는 저에게 "갑상선암은 암도 아니니까 괜찮을 거야"라는 말은 위로가 될 수 없습니다. 수술을 앞두고 느낀 공포와 두려움, 수술 직후의 엄청난 통증, 그리고 지금까지도 이어지는 후유증과 전신의 피로 등이 저를 떠나지 않고 있기 때문입니다. 갑상선암도 엄연한 암입니다. 생존율이 높다고 해서, 두려움이 작아지는 건 아닙니다. 암이라는 단어가 주는 무게는 누구에게나 깊고 무겁습니다.

Seoul Bun-dong
Gangbuk-gu 466-
@unusual_kr

일상을 살아가던 어느 날, 갑작스레 암이라는 장애물을 만난 저는 누군가에게 거창한 위로의 말을 듣고 싶었던 것은 아닙니다. 그저 아픔을 겪는 시간과 잘 어울리며 살아갈 수 있도록 조용히 다가와 토닥토닥 등 두드리듯 건네는 "많이 놀랐지?" "괜찮아?" "내가 뭐 도울 수 있는 게 있을까?" 같은 가볍지만 진심이 묻어나는 짧은 한마디를 기대합니다. 아마 이런 말들이 제게 휴식 같은 위로가 될 것 같습니다.

“

조용히 다가와
토닥토닥 등 두드리듯 건네는
“많이 놀랐지?” “괜찮아?”
“내가 뭐 도울 수 있는 게 있을까?” 같은
가볍지만 진심이 묻어나는
짧은 한마디를 기대합니다.

”

4장
가을

9월

아세움 작가 – 몽상가7
신선주 수상자 – 하늘이 준 두 번째 삶, 테라피스트로서의 여정

10월

김민진 작가 – Art flowers(이미 예쁜 사람)
사주영 수상자 – 내 인생의 스크래치

11월

원정숙 작가 – 밥향기_4월의 마음
홍헌표 수상자 – 암, 인생 후반전의 꿈을 열어준 고마운 존재

아세움 작가 | 몽상가7

9월 선정작

몽상가7(Dreamer7_Cat's Vacation)/57×70cm/Silkscreen 21도/2024

“낙원은 내 안에 있다.”

LA의 멜로즈거리, 유명한 핑크 벽 앞에는 사진을 찍는 사람들로 가득했다.

그러나 정작 그 벽은 특별할 것 없는 단순한 분홍색일 뿐이었다.

무언가가 특별해지는 것은 그 자체의 본질이 아니라, 우리가 부여하는 의미 덕분이 아닐까. 길가의 평범한 야자수가 여행자의 눈에는 그 자체로 힐링이었고, 앤텔로프 캐니언의 바위 틈새가 어떤 이에게는 해마처럼, 또 다른 이에게는 달려가는 고양이처럼 보이듯이. 같은 것을 보더라도 각자의 시선은 다르게 해석한다.

결국, 특별함이란 소유의 문제가 아니라 해석의 문제다.

우리가 무심코 지나치는 것들이 누군가에게는 꿈꾸던 낙원이 될 수도 있다.

고양이는 햇살 한 조각에도 온전히 행복하다.

존재하는 것만으로도 충분한 삶. 어쩌면 우리가 찾는 행복도 이미 우리 안에 있는지 모른다.

● 몽상가2/162X130cm/Acrylic on canvas/2023

마트료시카
72.7X116.8cm
Acrylic on canvas
2025

꿈
72.7X72.7cm
Acrylic on canvas
2025

아세움(박교은) | Artist

아세움 '아:름다운 세:상을 만드는 작은 움:직임'이라는 작가명으로 활동 중입니다. 고양이와 상징적인 오브제를 통해 인간 내면의 결핍과 고독, 자유와 치유의 감정을 시각적으로 표현합니다. 캔버스 위에 펼쳐진 고양이는 현대인의 희로애락과 현실과 이상 사이의 미묘한 모순을 비추는 거울이 됩니다. 불안정한 사회 속에서 고독과 어울림, 희망과 절망이 교차하는 인간의 삶은 고양이의 초인적인 생명력처럼 끊임없이 이어지는 여정입니다.

고양이는 제 삶의 가장 어두운 순간을 지나며, 그 작은 몸짓으로 말없이 큰 깨달음과 위로를 전해주었습니다. 존재 자체로 행복을 느끼는 고양이의 위로와 꿈이 그림을 통해 고스란히 전달되어, 또 다른 이들에게도 잔잔한 위안을 선사할 수 있기를 바랍니다.

그림 전시뿐만 아니라, 다양한 굿즈 상품과 에세이집, 미디어 아트 전시 등을 통해 사람들의 일상에 스며들 수 있는 예술 활동을 이어나가고 있습니다.

가장 고단했던 시기에 찾아온 고양이는 일정한 거리를 둔 채 다정한 위로를 건네주었고, 침묵으로 수많은 영감을 주었습니다. 끊임없이 저 자신을 되묻게 만들던 고양이를 떠나보내면서 붙잡아두고 싶은 내면의 감정을 고양이로 투영시켜 그림으로 담기 시작했습니다.

그렇게 마음의 회복 기간을 거치면서 작품 세계가 형성되었고 지금까지 이어지고 있습니다.

저의 작업에는 단순한 반려동물이 아닌, 마음을 어루만지는 존재로서의 고양이에 대한 사랑과 감사와 위로의 마음을 담고 있습니다.

저의 그림을 통해 누군가에게도 그런 따뜻한 마음이 전해지고 잠시라도 쉬어가는 시간이 되기를 진심으로 바랍니다.

@aseum_ @aseum_art_ @aseum.loy

〈주요 약력〉

에세이 『나만 없어 고양이』 출간

〈전시 및 활동〉

개인전

2024 〈아트의 정원〉 초대 개인전 (꼴라보하우스 도산, 서울)

〈Dreaming Cat〉 초대 개인전 (신풍미술관, 예천)

2025 에세이 『나만 없어 고양이』 출간 기념 초대 개인전 (용산갤러리, 서울)

12월 초대 개인전 (와스갤러리, 서울)

국내외 아트페어 및 그룹전 50여 회 이상 참가

2023 Brussels Art Fair 2023 (Brussels Expo, 벨기에)

MONAT Gallery (Monat Gallery, 스페인)

Spectrum Miami (미국)

2024 평론가가 주목하는 작가 40인전 (갤러리 ST, 서울)

평론가 선정 10인 청년작가 기획전 (인사아트프라자, 서울)

THE PARIS ART FAIR 2024 (파리)

(un)fair Milan (Superstudio Maxi, 밀라노)
〈Beyond Borders〉 (MEAM Museum, 스페인)
Monaco Art Fair (Monat Gallery, 모나코)
한·중 수교 32주년 기념전 (위해시시립미술관 / 환치 공공 미술관, 중국)
Creative Bridge-Novosibirsk 2024 (노보시비르스크 주립박물관, 러시아)
아름다운 동행 자선전 (안젤리미술관, 용인)
한국-베트남 스마트시티 기술협력 준공식 디지털 전시 (건설기술협력센터 VKC, 베트남)
First Moon 3인전 (아트문갤러리, 서울)
2025 화랑미술제 (미광화랑, COEX, 서울)
신한프리미어아트페어 (신한갤러리, 서울)
ARTEXPO New York (뉴욕, 미국)
International Art Exhibition in Rome (로마, 이탈리아)
World Art Dubai (두바이)
2025광주디자인비엔날레미디어 파사드 전시 (광주비엔날레 전시관, 광주) - 8월 30일
중국 MGM 아트페어 (MGM 호텔, 상하이) - 11월

〈수상〉

2009 한국일러스트협회 특별상

2023 제2회 아트코리아대전 심사위원장상

2023 K-ARTIST PRIZE 공모 특선

2023 제2회 K-Women ART 회화공모 입선

2024 제12회 GPBA 국회 문화체육관광위원장 표창

2025 International Prize - The New Great Masters in New York
(뉴욕의 새로운 거장들 국제상)

9월

신선주

수상자

하늘이 준 두 번째 삶,
테라피스트로서의 여정

신선주

자궁경부암 경험자

드디어 나의 이야기를 쓸 용기가 생겼다.

얼마 전까지만 해도 망설여졌지만, 이제는 솔직하게 나의 경험을 나누고 싶다. 이 이야기는 단순한 회상이 아니라, 내가 살아온 시간 속에서 마주한 암의 아픔과 치유, 두려움과 용기를 기록한 것이다.

이야기를 시작하기 전에 우선 〈You Raise Me Up〉 혹은 〈당신은 사랑받기 위해 태어난 사람〉을 들으며 나의 이야기를 읽는 걸 추천한다. 두 노래는 암을 진단 후에 흔들리던 내 마음에 평정심을 가져다준 노래이다. 이 글을 읽는 독자들에게도 그 작은 위로를 노래로 선물하고 싶다.

독자들의 마음속에도 평정심을 찾길 바란다.

2005년, 피부미용과에 입학한 나는 이듬해 청담동의 한 피부관리실에서 실습을 시작하며 테라피스트로서 첫발을 내디뎠다. 고객의 피부를 어루만지고 그들의 피로와 마음을 녹여내는 이 일은 내게 단순한 직업이 아니라 삶의 방식이었다. 연고 없는 서울에서 홀로 자취하며 보낸 시간이 쉽지는 않았지만, 그만큼 다채로운 인생의 조각들을 모을 수 있었다. 타인의 몸과 마음을 보살피는 일은 종종 나 자신을 잊게 했지만, "선생님 덕분에 건강이 좋아졌어요."라고 말하는 고객의 한 마디에 모든 걸 보상받는 기분이었다. 그 뒤로 나는 고객을 위해 '나는 절대 아프면 안 된다'라는 신념이 생겼다. 내 몸과 마음을 스스로 관리하는 일이 고객에게 내가 드릴 수 있는 최선의 서비스라고 믿었다.

나는 2년에 한 번씩 꾸준히 건강검진을 받았고, 면역 관리도 꾸준하게 다녔다. 자기 계발 강연을 듣고, 치유에 관한 책을 읽으며, 살사 댄스를 배우기도 했다. 몸의 건강만큼이나 마음의 건강이 중요하다는 사실을 깨닫고 삶의 균형을 맞추려 애썼다. 하지만 2016년, 내 인생에 엄청난 사건이 발생했고, 내 삶에 큰 균열이 생겼다.

정신적으로는 괜찮다고 믿었지만, 몸은 서서히 무너지고 있었다. 이유 없이 살이 쪘고, 몸도 점점 무거워졌다.

2020년, 코로나19가 발생했고, 2021년에는 밀접 접촉자가 되어 열흘간 격리했다. 호캉스를 계획했던 날에 격리 통보를 받았는데 허탈하면서 불안했다. 나는 고객을 가까이 마주하는 일을 했기에 눈앞이 캄캄했다. 다행히 확진은 아니었지만, 그 뒤로 막연한 불안함이 생겼다. 고객의 피부를 관리하는 직업적 특성상 앞으로도 계속 잘할 수 있을지 걱정이 많았다. 격리가 끝난 후에는 백신 접종 소식이 들려왔다. 나는 접종 전에 코로나 백신이 여자들에게 어떤 이상 반응을 일으켰는지 찾아보기도 했다. 그리고 8월과 9월에 걸쳐 두 번의 백신을 접종했다.

8월과 9월, 백신을 맞고 과다 월경과 부정 출혈이 찾아왔다. 단순한 부작용이려니 넘기려 했지만, 11월에는 선홍색 출혈이 2주 넘게 이어졌다. 마음 한편이 계속 불안했다. 12월에 산부인과를 찾았다. 의사는 "암일 수도 있다."라고 말했다. 설마 했지만 생각해보면 백신을 접종한 뒤부터 과다 월경과 부정 출혈, 복부 팽만, 허리 통증 등 몸에선 벌써 내게 신호를 주고 있었다.

다른 산부인과에서 자궁경부암 국가 검진 검사를 받고 암 전 단계라는 결과를 받았다. 혹시 모르는 마음을 안고 처음에 방문했던 산부인과에서 바이러스 검사와 조직검사까지 하게 됐다. 내 돈을 내고 복부 골반 CT 촬영까지 했지만, 나중에 알게 된 사실은 방광과 암의 위치가 정확하게 일치해서 CT로도 찾을 수 없었다. 내 몸의 암은 조직검사를 하고 나서야 명확해졌다. 바로 대학병원에 예약하고 혹시 모를 검사를 위해 금식한 채로 병원에 갔다. 내진 끝에 생각보다 암이 크다는 이야기를 들었다. 당연히 초기라고 생각했기에 당황스러웠지만 마음을 다잡자고 생각했다. 설 연휴로 인해 PET-CT를 제외하고 모든 검사를 했다.

이때 보험설계사인 친동생이 "나중에 병기가 확정되고 치료 방향이 결정되면 그때 부모님께 알려드리자."라고 조언했다. 초기겠지 생각했던 동생도 꽤 진행됐다는 이야기에 나만큼 당황했던 것 같다. 아프지 않은 마지막 설을 그렇게 보냈다. 나중에 부모님이 많이 힘들어하셨다는 이야기를 들었다. 그로부터 한 달 뒤에 검사 결과가 나왔다. 암 전 단계, 복부 골반 CT와 조직검사를 거쳐 최종적으로 자궁경부암 3기C, 림프 전이 진단을 받았다. "암이라니…."

믿기지 않는 현실 앞에서 나는 울기도 하고, 멍하니 앉아 있기도 했다. 치료가 가능하다는 말에 안도하면서도 내 삶이 전과 같을 수 없음을 느꼈다.

여섯 번의 항암과 서른 번의 방사선 치료를 받는 동안 수혈도 두 번 했다. 신기했던 것은, 수혈을 받기 전인 항암 2회차에는 계단 몇 개만 올라도 숨이 찼다. 그런데 수혈을 받자마자 숨이 차는게 사라졌다. 암 치료는 고통스러웠지만, 내 몸이 스스로 싸우고 있다는 걸 느꼈다. 때로는 다섯 살짜리 아이 주먹만 한 핏덩이가 떨어져 나오는 걸 보며 '암이 빠져나가고 있는 걸까'라고 생각했지만, 선생님은 단호히 아니라고 했다. 하지만 나는 내 몸이 여전히 나를 지키고 있다고 믿기로 했다. 내부 방사선을 제외한 모든 치료는 그렇게 어렵지 않았다. 나는 나와 최고의 의료진을 믿고 있었으니까. 내부 방사선은 설계까지 여섯 번을 받았다. 그 기억만큼은 너무나 힘든 기억이다.

암을 겪으며 '치유'의 의미를 새롭게 배웠다. 타인을 치유하기 위해 달려오던 내가 이제 스스로를 치유해야 했다. 치료가 끝난 후, 방사선의 영향으로 난소가 조기 폐업을 선언했고, 30대 중반에 갑작스레 갱년기를 맞았다. 갱년기 상담을 해주던 내가 직접 호르몬으로 인한 몸의 변화를 경험하니 인생이 참 묘하게 느껴졌다. 그때, 자궁경부암 환우 모임에서 아로마 테라피를 배우는 한 분을 만났다. 향기로 마음을 돌보는 세계는 내게 테라피스트로서 다시 살아갈 이유를 선물했다. 아로마 테라피 공부를 시작하며, 나는 치유하는 존재로서의 정체성을 되찾았다.

우연히 비즈니스 모임에도 나가게 되었다. 각 분야의 전문가들이 자기 분야를 대표해서 사업을 하는 모임에 아로마 테라피 전문가로 합류하게 되었다. 처음엔 내 암에 관한 이야기를 꺼내기가 두려웠다. 그러나 많은 뛰어난 아로마 테라피스트들 중에 나의 강점은 무엇일까 생각하다 곧 깨달았다. 많은 아로마 테라피스트 중에서 암을 직접 경험한 내가 환자의 마음을 가장 깊이 이해할 수 있는 사람이었다. 그때부터 나는 숨기지 않기로 했다. 치료를 마친 암 환우로서, 또다시 살아가고 있다고 진솔하게 이야기하기로 마음먹었다. 지금도 나의 주변 사람들은 내가 암을 진단받았다는 것 자체를 전혀 모르는 사람들도 많이 있다.

이 경험은 나를 더 단단하게 만들었다. 암 환자 전문 심리상담사 과정을 수료했고, '캔드림협동조합'을 만나 새로운 길이 열렸다. 만약 내가 암 환우라는 내 상처를 숨겼다면, 이 모든 인연은 오지 않았을 것이다. 이제 나는 암을 '죽음의 두려움'이 아니라 '삶의 선물'이라 부른다. 내 몸이 나에게 전한 신호 덕분에 진짜 나를 다시 만나게 되었으니까. 아직 치료 3년 차인 나는 피곤할 때면 종종 흔들리지만, 이제는 안다. 쉰다는 건 도망이 아니라 회복이라는 걸. 가끔은

너무 쉬고 있는 게 아닌가 하는 동전의 양면처럼 마음이 올라오기는 하지만, 이것도 나의 감정이라 받아들이기로 했다.

하루하루가 감사하고, 숨 쉬는 순간이 기적 같다. 하늘이 내게 준 두 번째 삶, 나는 오늘도 그 선물에 깊이 감사하며 살아간다. 암 치료를 하면서 감사한 사람들도 많이 있었다. 그리고 내 몸이 나에게 보내는 신호에도 더 많이 집중하게 됐다. 왜 나에게 암이 생겼는지보다 "앞으로 어떻게 살아야 할까?"라는 생각을 더 많이 하게 됐다. 그리고 다른 사람들을 도와주고 싶었다. 그래서 몇 개 안 되는 영상이지만 유튜브 계정을 만들었다. 자주 올리지는 못하지만, 가끔 내 유튜브 영상에 힘을 얻었다는 얼굴도 모르는 분들을 보며 나는 더 감사함을 느꼈다.

마지막으로 내가 좋아하는 엑세스 컨셔스니스(Access consciousness)라는 주문을 독자들에게도 알려주고 싶다. "삶의 모든 것은 내게 순조롭게, 기쁘게, 영광스럽게 온다(All of life comes to me with ease and joy and glory)"라는 이 글을 독자들이 언제든 힘들 때, 〈You Raise Me Up〉과 〈당신은 사랑받기 위해 태어난 사람〉 두 노래와 함께 기억하길 바란다.

@Annie_seonju_ 애니의 일기

"

하루하루가 감사하고,
숨 쉬는 순간이 기적 같다.
하늘이 내게 준 두 번째 삶,
나는 오늘도 그 선물에
깊이 감사하며 살아간다.

"

김민진 작가 | Art flowers(이미 예쁜 사람)

10월 선정작

Art flowers(이미 예쁜 사람)/18×7×24cm/Dyeing paper/2025

;

한 가지에 있어도, 저마다 활짝 피는 시기가 다 다른 꽃처럼
우리도 피어나는 시기가 저마다 다르다는 걸 알고 있나요?
무언가를 하지 않아도 당신은 이미
피어날 준비를 하는 꽃봉오리입니다.
괜찮아요, 그 존재만으로 이미 기대되고 예뻐요!

10월

사주영

수상자

내 인생의 스크래치

사주영

유방암 및 갑상선암 경험자

"그곳은 익숙하지 않은 낯선 나라의 허름한 동네로 보였다. 흙먼지를 나부끼며 뛰어다니는 아이들. 열악한 환경 속에서도 흙바닥에 무언가를 써가며 사람들에게 가르쳐주던 모습."

학교를 막 졸업하고 진로에 대한 막막함으로 기도하던 그때, 내게 그려진 한 장면이었다.

시간이 흘러 나는 도움이 필요한 개발도상국을 지원하는 국제 구호단체에서 일하게 되었다. 어느새 10여 년이 훌쩍 지나, 사회초년

생에서 모닝커피가 익숙한 직장인이 되고, 결혼을 하고 엄마가 되었다. 여의도의 빌딩 숲속, 내 책상 모니터에는 힘든 환경에서도 밝게 미소 짓는 아이들의 맑은 눈망울이 가득했다. 내가 하는 모든 일들이 누군가에게 도움이 되고 더 나은 삶의 변화를 만든다고 믿을 때마다 가슴이 뛰었다. 하지만 새벽별과 함께 장거리 출퇴근하는 세 아이의 엄마에게 매일은 버겁고 무거웠다. 더 이상 미룰 수 없었던 어느 날, 나는 워킹맘을 졸업했다.

고정적인 출퇴근은 사라졌지만, 내 인생의 영역은 더 넓어졌다. 그간 미뤄왔던 아이들과의 시간을 진하게 보내며, 남은 인생의 시간을 위해 다시 도전하며 달리고 또 달렸다.

뜻밖의 그림

첫째와 셋째는 아들. 그 사이에 딸아이가 있다. 딸은 나와 함께 샤워하는 걸 좋아했다. 그날도 딸아이와 씻고 나와 무심코 몸을 닦다가, 오른쪽 가슴 한쪽이 움푹 꺼져 있는 것을 발견했다. 딱딱한 멍울도 잡혔다. 전혀 아프지 않았지만, 직감적으로 느낌이 싸했다.

건강검진 시기가 지났지만 코로나로 연장된다는 문자를 대수롭지 않게 넘겼던 기억이 났다. 근처 병원에 예약하고 검진을 받았다. 그런데 만 39세인 나는 유방암 기본검진 대상이 아니었다. 만 40세부터 가능하다는 안내에 진료 날짜를 잡아야 했다.

"아무래도 마음의 준비를 해야 할 것 같아. 보험이 없어서 지금 가입해도 바로는 안 되겠지?"

시간이 갈수록 불안해하는 나에게 남편은 암은 그렇게 쉽게 걸리는 게 아니라고. 이상한 생각 말고 빨리 병원에 가보자고 했다. 긴 대기로 두 달 뒤 예약된 병원에서 뜻밖에 취소 자리가 나며 일정이 앞당겨졌다. 그날, 여름 초입의 병원 공간은 이상하리만큼 싸늘했다. 의사 선생님 진료 전, 환자복을 갈아입고 난생 처음 유방 촬영을 했다. 가슴이 눌리는 게 좀 아프긴 했지만 이상 없다는 말을 들을 수만 있다면 얼마든지 견딜 수 있을 것 같았다. 그러나 의사 선생님은 촬영 사진을 보며 조심스럽게 말했다.

"종양이 보입니다."

곧바로 초음파를 진행했다. 화면 속 뾰족뾰족한 형태의 그림. 림프 전이 여부까지 봐야 한다는 설명을 듣는 동안, 눈물이 흘러내렸다. 어림잡았던, 저 멀리 두었던, 아니 멀어지고만 싶었던 막연한 불안감이 한순간 현실이 되었다. 초음파를 했던 자리에서 바로 조직검사가 이어졌다. 눈물이 펑펑 났다. 방금 암이라는 충격적인 말을 들었는데 추스를 시간이 없었다. 가슴팍에 마취주사를 놓고 총 조직검사를 했다. 정말 총을 맞는 것처럼 '탕, 탕' 귀청이 나갈 거 같은 네 번의 소리와 함께 가슴에 충격과 고통이 닿았다. 눈물은 흐르고 몸이 아픈 건지 마음이 아픈 건지 마취가 끝내 안 되었던 건지 계속 아프다가만 끝났다.

나는 손으로 가슴을 압박하며 지혈했다. 눈물을 훔치고 또 훔쳤다. 대기실의 사람들은 여전히 각자의 일상 속에 진료를 기다리고 있었지만, 그 순간의 나만 완전히 다른 세상 사람이었다. 암은 그냥 죽는 병 같았다. 나만 생각한다면 목숨을 구걸하고 싶지 않았다. 한창 돌봐야 하는 아이들이 있는 엄마라는 얄궂은 책임감이 발목을 잡았다.

검은색으로 덮이다

보통 일주일 걸리는 조직검사 결과는 긴급으로 넣었기에 이틀이면 나온다고 했다.

이미 정해진 결과 앞에서 기다리는 그 이틀은 마치 2년이 되는 것처럼 시간이 휘몰아쳤다. 결과를 듣는 순간 이제부터 공식적인 암 환자가 되는 것 같아서 대기실에서의 기다림이 마냥 오래되기를 바랐다. 남편과 집으로 돌아오는 길, 눈앞이 안 보일 정도로 쏟아지는 비는 하늘이 우리와 함께 오열하는 듯했다.

그렇게 나는 암 환자가 되었다. 매일 병원으로 출근하듯 이어지

We Can't Do
More With Less
ANYMORE
Social workers
stand up
for others!
Prevention
WORKS
WINONA

God bless you!

는 검사와 항암 치료, 수술, 방사선 치료, 재활 치료. 진행된 3기 유방암에 젊은 나이였기에 모든 치료들이 공격적이었다.

숨 가쁘게 달리던 인생이 하루아침에 멈춰 섰다. 몸도 마음도, 모든 것이 바닥을 새로 경신하는 여정이다.

어느 날, 간신히 몸을 기대어 창밖을 보았다. 평생 믿어왔던 하나님께 물었다.

"지금, 어디에 계시나요?"

그때 내 눈앞에 바람결에 흔들리는 나무가, 구름 사이 반짝이는 햇살이 보였다. 멈춘 듯 보여도, 아무도 알아주지 않아도, 자신의 시간표대로 자리를 지키는 자연이 있었다. 그때부터 매일 글을 읽고, 날마다 새로운 자연의 경이로움에 글을 쓰기 시작했다.

아무것도 하지 못하는, 소망 없어 보이는, 지금의 인생은 온통 검게 칠해지는 시간이었지만 이전에 경험해보지 못했다면, 아프지 않았다면 결코 얻지 못했을 시간들이었다.

그리고 이 시간은 '내가' 혼자 해보려고 했던 이기적인 모습으로는 감당할 수가 없었다.

나만큼 아팠던 나의 인생친구 남편, 날 살아가게 하는 세 아이들, 마음 다해 섬겨주시는 부모님과 가족들, 항암 때마다 보양식을 챙겨주던 친구, 함께 울고 웃었던 병실 언니들, 무엇보다 내 이름을 불러가며 기도해준 많은 분들. 지금은 할 수 있는 게 없었다. 그저 주시는 사랑과 은혜의 빚이 원 없이 가득 쌓였다.

다시, 그리는 삶

유방암 치료 중 발견한 갑상선암도 수술을 했다. 지금은 매일 먹는 호르몬제, 매달 맞는 치료주사, 골다공증 치료. 나의 신체적 나이가 20년은 뒤로 쭉 당겨져 사는 것 같다.

나는 다시 일터로 돌아왔다. 병원으로 매일 출근하는 사회복지사. 거동이 불편해 병원에 오기 힘든 어르신들을 찾아가 진료를 돕고, 생활을 살펴드린다. 병을 평생 지고 가야 하는 환자가 되어 보니 환자들이 보였고, 그 옆에서 함께 아파하는 보호자들이 눈에 들어왔다. 죽음을 가까이에서 느껴본 나는 남은 인생을 비슷한 누군가를 위해 살고 싶었다. 암 치료를 받는 동안 호스피스 교육을 받았고, 이후 지역사회를 위한 방문의료 케어코디네이터 과정을 공부했다. 그리고 가발을 벗고 자유로워질 무렵, 집 근처 병원에서 일할 기회가 주어졌다. 돌이켜보면, 그동안의 모든 경험과 경력은 지금의 시간들을 위함이 아니었나 싶을 정도다.

오늘의 나는, 당연하지 않은 오늘을 선물로 살아간다.

“스크래치 페이퍼는 온통 까맣다. 하지만 작은 나뭇가지로 살짝 긋기만 해도 그 속에 숨은 빛깔들이 드러나 아름다운 작품이 된다. 지금 내 인생이 그렇다. 내 인생 가장 큰 스크래치였던 암은 상처로 남은 것이 아니라, 나만이 그릴 수 있는 새로운 도화지가 되었다.”

@today.hygge

“

내 인생

가장 큰 스크래치였던 암은
상처로 남은 것이 아니라,
나만이 그릴 수 있는
새로운 도화지가 되었다.

”

원정숙 작가 | 밥향기_4월의 마음

11월 선정작

밥향기_4월의 마음/130.3×193.9cm/Oil on canvas/2025

봄바람이 살랑 부는 4월 아침, 마을 곳곳에는 벚꽃이 흐드러지게 핍니다. 벚꽃잎 사이로 햇살이 스며들고, 집집마다 굴뚝에서 아침밥 짓는 연기가 올라옵니다. 텃밭에 먹거리 식물을 심는 사람들의 하루가 밥향기와 함께 시작되고 마무리되는 순간, 아이들과 동물들이 함께 모여 따뜻한 식탁을 나눕니다.

강아지, 고양이, 새, 토끼 등등 다양한 동물들이 사람 곁에서 함께 밥을 먹거나 장난치며 평화로운 풍경을 더합니다. 부드러운 봄 햇살과 벚꽃 향기 속에서, 밥을 나누는 일상이 만들어내는 작은 행복과 공동체의 따뜻한 마음이 그림 속에 담겨 있습니다.

4월의 마을은 새로움과 희망, 그리고 소소한 기쁨으로 가득 차 있습니다.

11월

홍헌표

수상자

암, 인생 후반전의 꿈을 열어준 고마운 존재

홍헌표

대장암 경험자

2008년 9월, 나는 인생의 방향을 완전히 바꿔놓는 사건을 맞이했다. 대장암(S결장암) 3기 확진. 그 순간부터 내 삶은 '암전(癌前)'과 '암후(癌後)'로 나뉘었다. 암 확진 이전의 삶이 잘못된 것은 아니었지만, 누군가 과거로 돌아갈 것이냐고 묻는다면 주저 없이 "아니요"라고 말할 것이다. 암은 내게 고통만 준 게 아니라 인생 후반전을 새롭게 설계하는 '꿈'이라는 큰 선물을 주었기 때문이다.

수술 직후에는 죽음에 대한 두려움이 머릿속을 떠나지 않았다. 더 살게 해달라고 기도하던 시간도 있었다. 하지만 암에 대해 공부하면서 회복 프로그램을 꾸준히 실천했다. 시간이 흘러 몸이 회복

되기 시작하면서 암이 내게 가져다준 행복이 더 크다는 사실을 깨달았다. 수술 후 17년이 지난 지금까지 난 건강한 몸과 마음을 지키고 있다. 그 시간동안 암은 내 삶을 다시 쓰게 한 가장 강력한 계기가 되었다.

암을 통해 내가 얻은 가장 큰 것은 자신을 사랑하는 법이었다. 암 진단을 받기 전까지 나는 몸을 혹사하며 스트레스를 방치했고, 건강을 돌보는 일에 서툴렀다. 암 진단은 내 몸이 알린 비상 신호였고, 그 후 나는 몸 습관과 마음 습관을 완전히 다른 관점에서 바라보게 되었다. 잠들기 전 내 몸을 토닥거리며 "수고했다" "고맙다"라고 말하는 작은 의식이 삶의 태도 자체를 바꿔놓았다.

암을 진단받은 지 3년 차가 되던 2011년, 나는 암을 치유하기 꼭 필요하다고 생각했던 암경험자 웃음 치유 커뮤니티 '웃음보따리'를 만들었다. 웃음보따리는 서로를 이해하고 응원하며 일상의 작은 이야기들을 나누는 공동체다.

14년째 이어지고 있는 웃음보따리는 난치암 경험자들에게 중요한 요소로 꼽히는 '사회적 지지'의 원형을 온전히 갖춘 치유의 장이 됐다. 나는 이곳에서 인간적 온기, 유대감, 그리고 함께 살아가는 의미를 배우고 있다.

2011년, 암 체험 에세이 『나는 암이 고맙다』를 쓴 뒤로 지금까지

봉화언덕
올라가는 길

생활수칙
그냥 망가진다.
눈치 안 본다.
크게--
정해 웃기 "이럴 때"는 웃는다"
번 이상, 한달 이상 꾸준히

1,000명이 넘는 암경험자와 가족을 만났다. 내 경험을 나누고, 그들이 필요한 정보를 제공하고, 수많은 암경험자들의 삶의 기록이 개인 맞춤형으로 적용될 수 있도록 코칭을 해왔다. 이 과정이 내겐 소명을 이뤄가는 과정이다. '암을 겪은 사람이 할 수 있는 가장 가치 있는 일은 같은 길을 걷는 사람을 돕는 것이다.'

나는 조선일보 기자일 때 암 진단을 받았다. 그 뒤 헬스조선 취재 본부장을 맡았다가 2017년 ㈜힐러넷을 설립했다. 이 회사는 몸과 마음의 건강을 통합적으로 다루는 '몸맘건강 네트워크'를 지향하며, 암경험자들에게 실제적으로 필요한 정보와 회복 프로그램을 제공하려고 만든 회사다. 돈을 벌기 위한 사업이라기보다 내 경험을 이웃과 사회에 환원하고자 하는 마음이 더 컸고, 지금도 그 정신을 이어가고 있다.

그 수단으로 인터넷 암 전문 언론 〈캔서앤서(CancerAnswer)〉를 창간해 매일 기사를 발행 중이다. 암으로 고통받는 사람들이 믿고 찾아볼 수 있는 '암 정보의 창고'를 만들고 싶었다. 암경험자와 가족들의 질문에 아주 구체적이고 실질적인 방식으로 답하는 것이 나의 기사 원칙이다.

암으로 경력이 단절된 이들이 다시 일할 수 있는 공동체를 만들고자 뜻이 맞는 분들과 함께 캔드림협동조합(이사장 홍유진)도 만들었다. 암경험자들이 서로의 삶을 지지하며 경제 활동까지 함께하는 새로운 형태의 커뮤니티다. 나는 현재 부이사장으로 활동하면서 치유 글쓰기, 라이프코칭 등 다양한 프로젝트를 기획 진행하고 있다.

내 인생의 목표는 단순히 암경험자의 삶을 돕는 데 그치지 않는다. 100세 시대, 인생 후반전은 누구에게나 새로운 전성기가 될 수 있다. 60대 이후의 삶은 은퇴가 아니라 또 한 번의 도약이 가능한 시기라고 믿는다.

나를 포함해, 여전히 자신의 전문 분야에서 열정을 쏟으며 존재감을 확인하고 사회·경제적 역할을 이어가고자 하는 60세 이후 신중년 세대와 함께 꿈꾸고 싶다. 내가 코칭(한국코치협회 인증 코치)을 배워 서울청년창업사관학교 스타트업 대표들을 대상으로 비즈니스 코칭을 하고, 암경험자와 가족을 대상으로 삶을 디자인하는 라이프 코칭을 하는 것도 나의 인생 후반전을 의미 있게 만들어주고 있다.

5060세대가 주축인 커뮤니티 '꿈꾸는 요새'에서 신중년이 활력 있게 사회와 연결되고, 자신의 지식과 경험을 나누는 '인생 놀이터'를 만드는 일을 함께하고 있다. 이 활동을 통해 내가 이루고 싶은 인생 목표는 이렇다.

- 목표: 100세 시대의 건강하고 행복한 삶
- 미션: 나의 콘텐츠로 타인의 삶 돕기
- 비전: 신뢰, 사랑, 사회 공헌

이런 목표는 암을 겪지 않았다면 결코 세울 수 없었을 것이며, 앞으로 나를 이끄는 삶의 나침반이다.

암을 이긴 사람들에게는 공통점이 있다. 바로 긍정하는 마음이다. 암이 내 삶의 주인이 아니라, 내가 내 삶의 주인이라는 태도. 나는 매일 그 마음으로 살아가려고 한다. 2008년의 암은 내 인생을 무너뜨린 것이 아니라 다시 세웠고, 나는 지금 하루하루를 암에게 답하는 삶으로 채운다.

암은 나의 두 번째 인생을 열어준 존재다. 고통의 문을 열고 들어갔다가, 전혀 다른 풍경이 펼쳐진 '후반전'으로 돌아왔다. 그래서 나는 암이 고맙다. 그리고 그 고마움을, 누군가의 삶을 밝히는 일로 돌려드리려고 한다.

@hunpyo_hong

“

암은 나의 두 번째 인생을
열어준 존재다.
고통의 문을 열고 들어갔다가,
전혀 다른 풍경이 펼쳐진
‘후반전’으로 돌아왔다.

”

5장
겨울, 다시 봄

12월

아세움 작가 – 몽상가8

현승학 수상자 – 직장암 3B기를 지나며 웃음을 찾다

아세움 작가 | 몽상가8

12월 선정작

몽상가8/30.3×193.9cm/Acrylic on canvas/2025

처음엔 원형 작품이었어요. 중국의 한 전시장에서 예기치 못한 사고로 작품에 작은 구멍이 뚫려서 돌아왔습니다. 그때의 충격은 마치 제 가슴에 구멍이 난 것처럼 아팠어요.

하지만 이 그림을 포기할 수 없었고 어떻게든 다시 숨을 불어넣고 싶었습니다. 그래서 액자 속에서 새로운 형태로 되살렸고, 지금은 마치 새롭게 태어난 듯 고요히 숨 쉬는 작품이 되었습니다.

'앎공모전'에 어떤 작품을 낼까 고민하다가, 전시에서 처음이자 마지막으로 겪었던 저만의 아픔과 회복의 이야기를 담은 이 작품을 선택했습니다. 상처를 품은 채 다시 피어난, 나의 '몽상가'입니다.

12월

현승학

수상자

직장암 3B기를 지나며 웃음을 찾다

현승학

직장암 경험자

나는 2012년 7월에 직장암 판정을 받아 수술하고, 13년이 지난 지금까지 건강히 살고 있는 암경험자다. 나의 이야기를 두서없이 적어본다.

나는 2001년 유기화학 석사 졸업 후 연구개발과합성 팀장을 지내다, 2012년 2월 화학공학 박사를 수료하고 회사에 복귀했다. 밥도, 물도 빨리 먹고 마시는 초시계 같은 삶을 살았다. 그러던 어느 날 물을 벌컥 마실 때마다 눈앞이 어두워지면서 쓰러졌다. 그런 증상이 몇 번 반복되고 종합건강검진을 받았는데, 직장암이었다.

야탑의 큰 병원에서 초면의 의사 선생님이 “오늘 금요일이니, 다음주에 입원하고 바로 수술하는 것이 좋겠다”라고 했다. 나는 멍해진 머리로 그저 “예…”라고 대답할 수밖에 없었다. 집으로 돌아와 마음을 가라앉히고 현재 상황과 앞으로의 암 수술에 대해 생각했다. 처음 보는 젊은 의사 선생님에게 내 몸과 생명을 맡긴다는 것이 점점 불안해졌다. 새벽까지 인터넷을 서핑하다가 어느 암 환자 카페에서 대장암 명의 선생님의 연락처를 알게 됐고, 새벽 다섯 시에 염치 불고하고 문자를 하고 여섯 시에 통화를 할 수 있었다. 선생님은 검사기록지를 가지고 내원하라는 말씀을 했고, 토요일에 바로 찾아가 상담하고 입원할 수 있었다. 수술이 밀려 있어 보름쯤 뒤에 가능하다 하였는데, 도중 취소한 분이 계셔서 다행히도 삼 일 만에 아침 첫 수술대에 누웠고, 내 의지와는 다르게 일곱 시간 동안 저승을 다녀왔다.

의사 선생님께서는 내가 림프절까지 암이 전이되어 직장암 3B기라고 말씀해주셨고, 생존율을 높이려면 항암을 열두 번 받아야 한다고 했다. 아내는 항암을 받으면 오히려 몸을 더 죽인다면서 반대했지만, 과학자인 나는 백분율을 더 신봉했다. 그래서 항암을 받았는데, 항암 치료 1회 받은 내 몸이 이상하리만큼 안 좋았다. 손톱에

핏줄이 터지고, 머리카락은 빠지고, 목소리도 거의 안 나오고, 앞도 컴컴하게 안 보이고…. 다른 여러 암 환자를 돌봤던 수간호사님께서도 내 증상이 다른 환우와 비교해도 조금은 심한 편이라고 말씀하셨다. 그 후 대장암 경험자인 홍헌표 기자님의 대장암에 관한 글들과 건강식에 관련된 서적을 찾아 심도 있게 읽고 실천하며 따랐다.

몸에 좋은 것을 챙기기보다는 안 좋은 것을 우선 멀리했고, 남들 좋다는 보약도 피검사를 통해 림프구의 증가가 없으면 과감히 먹지 않았다. 이런 과도기적 시간이 3년 정도 걸렸던 것 같다. 참 길게 느껴졌는데 지금 돌아보니 어느새 13년이나 지나다니….

암에 걸리고 나서 제일 크게 바뀐 것이 있다면, 운동하는 삶과 식습관의 변화와 긍정적 생각이다.

암을 경험하면서 나빴던 생활 습관과 의식이 바뀐 것이 무엇보다 감사하다. 땀 흘려 운동하는 즐거움을 알게 되었고, 담배도 완전히 끊었다. 식사도 주로 잡곡을 먹고, 탄산음료와 아이스크림도 거의 먹지 않는다. 무엇보다 느긋한 생활패턴과 긍정적인 사고 방식으로 인해 스트레스가 줄어들었다.

내 삶의 멘토이신 홍헌표 님의 말씀처럼, 나도 암이 고맙다.

어쩌면 암을 통해, 더 기쁘고 건강한 삶을 덤으로 선물받았는지도 모르겠다.

암 수술 전 '웃음'을 어색해했던 나의 모습이, 이제는 큰 소리로 웃을 수 있는 마음의 여유와 느긋하고 느린 나만의 시간을 갖게 되었다. 『모모』의 시계 바늘처럼 느림이 가져다준 기쁨을 느낄 수 있음에 감사하다.

2024년 9월, 20년 동안 종사하던 화학업을 완전히 그만뒀다.

몸도 점점 다시 안 좋아지는 듯하고, 갈수록 조여오는 중압감과 웃음을 잃어가는 내 모습이 싫었기 때문이다. 퇴사 후 한 달간, 나의 과거와 미래에 대해 많은 생각과 고민을 했다. 암 진단을 받고 하루하루 감사하며 즐겁게 살자고 다짐했던 그때를 떠올리며, 다시 예전의 나로 돌아갈 수밖에 없었던 지금의 나를 위로하고 다독였다.

그러던 중, 암 치료를 받으며 보험 혜택을 크게 받은 경험이 있기에, 13년 경력인 베테랑 보험설계사 아내의 권유로, 8일간 열심히 공부해 실손과 생명보험 설계사 자격을 취득했다. 암 환우들의 더 나은 치료와 안정적인 삶을 위해, 맞춤식 보험설계사 세계에 뛰어들었다. 동시에 환우들을 이해하고 돌보는 전문 간병인 지원 사업도 시작했다. 같은 환우의 마음을 이해할 수 있어서 지금껏 받은 고마운 사랑과 맞춤형 지식을 알리고 나눠주고 싶다는 생각으로 어색하지만 새로운 일을 시작했다. 시작은 미약하지만 끝은 환우들의 건강한 웃음소리로 끝나리라는 믿음을 가지고 나는 오늘도 소리 내 웃으며 느리지만 새로운 길을 씩씩하게 걸어가려 한다.

“

‘암’을 통해서
나빴던 생활 습관과
의식이 바뀐 것이 무엇보다 감사하다.
무엇보다 느긋한 생활패턴과
긍정적인 생각의 변화에
스트레스가 줄어들었다.

”